U0369306

2020
中国新能源发电并网
分析报告

《2020中国新能源发电并网分析报告》编写组 ◎ 编著

机械工业出版社
CHINA MACHINE PRESS

本书旨在通过梳理年度装机、产业及政策发展，总结发展趋势与特点；通过近中期形势分析及展望研究，给出行业视角的发展研判和建议；通过对新能源并网重点问题进行专题研究，给出发展对策建议，为行业可持续发展提供参考。

图书在版编目（CIP）数据

2020 中国新能源发电并网分析报告 /《2020 中国新能源发电并网分析报告》编写组编著 . -- 北京：机械工业出版社，2020.8

ISBN 978-7-111-65884-9

Ⅰ . ① 2… Ⅱ . ② 2… Ⅲ . ①新能源－发电－研究报告－中国－ 2020 Ⅳ . ① F426.61

中国版本图书馆 CIP 数据核字（2020）第 105747 号

机械工业出版社（北京市百万庄大街 22 号 邮政编码 100037）
策划编辑：张万英
责任编辑：张万英
责任校对：胡 颖
封面设计：韩 靓
责任印制：杨忠宝
北京宝昌彩色印刷有限公司印刷
2020 年 8 月第 1 版 · 第 1 次印刷
184mm × 260mm · 9.75 印张 · 110 千字
标准书号：ISBN 978-7-111-65884-9
定价：88.00 元

电话服务　　　　　　　　　网络服务
客服电话：010-88361066　　机工官网：www.cmpbook.com
　　　　　010-68379833　　机工官博：weibo.com/cmp1952
　　　　　010-88326294　　金书网：www.golden-book.com
封底无防伪标均为盗版　　机工教育服务网：www.cmpedu.com

中国可再生能源学会
可再生能源发电并网专业委员会简介

中国可再生能源学会可再生能源发电并网专业委员会（以下简称"并网专委会"）成立于 2014 年 6 月，是中国可再生能源学会下属的专业委员会之一，挂靠于国网能源研究院有限公司。

并网专委会是专门从事可再生能源并网政策与技术研究的非营利性社会团体。

并网专委会的主要职责为：为可再生能源发电并网相关企业及从业人员提供交流和研讨平台，组织开展可再生能源发电并网重大问题的学术研讨和经验交流，推动相关标准和政策的完善，开展可再生能源发电并网知识科普及行业发展成果传播，开展符合中国可再生能源学会宗旨的相关活动。

前　言

中国可再生能源学会可再生能源发电并网专业委员会基于服务行业发展、促进业内外交流的考虑，采用政府部门、行业协会及国内外知名研究机构公开发布的资料，聚焦风光发电并网消纳政策和技术问题，撰写了《2020中国新能源发电并网分析报告》。本书旨在通过梳理年度装机、产业及政策发展趋势与特点，分析近中期发展形势及"十四五"展望，专题研究新能源并网重点问题，给出行业视角的发展研判和建议，为行业可持续发展提供参考。

书稿第1章新能源发电并网现状，由张栋主笔，主要介绍了2019年度我国新能源发电并网装机发展及消纳利用情况、电网企业促进新能源消纳的主要举措。第2章新能源发电产业发展，由胡静和于贵勇主笔，介绍了我国风光发电产业发展、技术创新和发电成本变化情况。第3章国内外新能源发电政策，由张栋主笔，梳理分析了2019年度我国促进新能源发电消纳相关政策要点及影响，国外新能源装机发展、主要政策及消纳措施。第4章新能源发电并网展望，由黄碧斌主笔，主要介绍了我国新能源发电并网发展面临的形势、"十四五"展望及促进新能源发电可持续发展的建议。第5章新能源发电并网重点问题及对策,由黄碧斌主笔,对平价上网和平价利用、海上风电发展前景与挑战、高比例新能源并网的电网安全、分布式电源管理、可再生能源电力消纳保障机制及储能发展与电力市场等重点问题进行了专题研究。全书由张栋统稿,张栋、黄碧斌和李娜娜校核。张运洲主任委员从立题到成稿,全程指导了书稿编写与修改工作。编委会各位委员对书稿提出了宝贵的修改意见。

本书写作过程中,得到了国家电网有限公司、国网能源研究院有限公司、中国光伏行业协会、中国可再生能源学会风能专委会、电力规划设计总院、南方电网能源发展研究院有限责任公司等单位和机构相关专家的大力支持和帮助,在此表示诚挚的感谢。

由于编著者水平及掌握的资料有限,书稿中难免有疏漏和不足之处,恳请读者批评指正。

编著者
2020 年 7 月

目　录

中国可再生能源学会可再生能源发电并网专业委员会简介
前　言

第1章

新能源发电并网现状

2019 年，我国新能源[⊖]发电并网装机容量继续保持稳定增长，风电和太阳能发电装机规模同时突破 2 亿 kW。在各方的共同努力下，全国风光发电利用率持续提高，国网经营区 2019 年达到 96.8%，提前 1 年实现了《清洁能源消纳行动计划（2018—2020 年）》提出的"2020 年，确保全国平均风电利用率达到国际先进水平（力争达到 95% 左右），弃风率控制在合理水平（力争控制在 5% 左右）；光伏发电利用率高于 95%，弃光率低于 5%"的目标。

1.1 新能源发电装机

根据国家能源局公布的数据，截至 2019 年底，我国新能源发电并网装机容量达到 4.4 亿 kW（其中风电 2.1 亿 kW，太阳能发电 2 亿 kW），同比增长 16.2 个百分点，占发电总装机（20.1 亿 kW）的 21.8%，同比增长 1.9 个百分点；新能源发电量 7400 亿 kW·h，同比增长 17.0 个百分点，占总发电量（7.3 万亿 kW·h）的 10.1%，同比增长 1.1 个百分点。2019 年我国电源装机与发电量结构如图 1-1 所示。

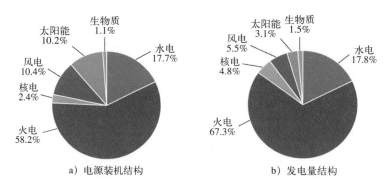

图1-1　2019年我国电源装机与发电量结构

⊖ 新能源，是指在新技术基础上开发利用的非常规能源，包括风能、太阳能、海洋能、地热能、生物质能、氢能、核聚变能和天然气水合物等。本书在介绍发电装机和发电量时，主要包含风能、太阳能和生物质能发电。在政策分析、发展展望及重点问题研究时，主要为风能和太阳能发电。

2019 年我国新能源发电装机增长继续保持世界领先，风光发电新增并网装机容量分别占全球的 43.8% 和 31.0%，远超美国、英国、印度、西班牙和德国等国家，如图 1-2 所示。截至 2019 年底，我国风光发电累计并网装机容量分别占全球风电和太阳能发电总装机的 33.8% 和 35.0%，继续全球领先，其中太阳能发电装机领先幅度更为显著，如图 1-3 所示。

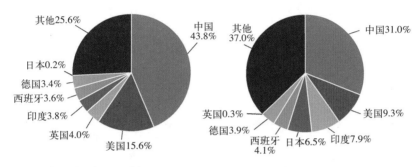

a) 风电新增装机各国分布　　　b) 太阳能发电新增装机各国分布

图1-2　2019年全球风光发电新增装机分布

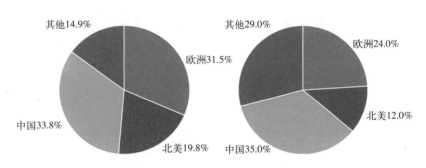

a) 风电累计并网装机容量分布　　　b) 太阳能发电累计并网装机容量分布

图1-3　截至2019年底全球风光发电累计并网装机容量分布

1.1.1　风电

1. 并网装机

截至 2019 年底，全国风电累计并网装机容量达到 2.1 亿 kW，同比增长 14.0%。其中，陆上风电累计并网装机容量 2.04 亿 kW，海上风电累计并网装机容量 593 万 kW。2019 年，风电新增装机

2574 万 kW。其中，陆上风电新增装机 2376 万 kW，海上风电新增装机 198 万 kW。就年度装机进度来看，四季度并网装机容量占全年新增装机的 49%。

2011 年以来，风电并网装机容量占发电总装机的比重呈稳步提升态势。截至 2019 年底，风电装机占总装机的比重达到 10.4%，比 2011 年增长 6 个百分点。"十二五"期间，风电并网装机年均增长 2030 万 kW，"十三五"前四年，年均增长 1970 万 kW，我国风电年新增并网装机容量保持高位平稳增长，如图 1-4 所示。

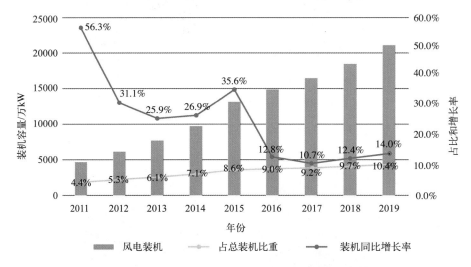

图1-4 我国风电并网装机增长及占总装机比重变化情况

我国风电装机领跑优势持续扩大。自 2011 年我国风电装机首次超过美国跃居世界首位以来，我国风电装机持续快速增长，与第二名（美国）之间的差距持续扩大。截至 2019 年底，我国风电并网装机容量占全球总装机的 33.8%，装机容量是美国的 2.03 倍，是德国的 3.46 倍。主要国家风电并网装机容量变化情况如图 1-5 所示。

2. 开发布局

我国风电开发布局继续向资源条件好、消纳情况好的地区发展。

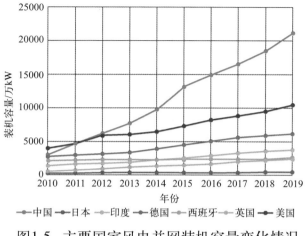

图1-5　主要国家风电并网装机容量变化情况

2019 年，华北地区⊖、华中地区和西北地区新增装机分居全国前三位，合计约占全国新增装机的 69.1%。截至 2019 年底，华北地区、西北地区和东北地区（"三北"地区）的风电累计并网装机容量分居全国前三位，合计约占全国总容量的 69.9%，南方地区、华东地区和华中地区风电装机占全国的比重均在 9% ~ 10% 之间，具体如图 1-6 所示。

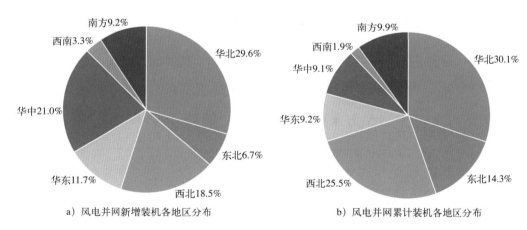

a）风电并网新增装机各地区分布　　　　b）风电并网累计装机各地区分布

图1-6　2019年我国各地区风电装机情况

⊖　区域划分按照电网覆盖区域。华北：北京、天津、河北、山东、山西和蒙西；东北：黑龙江、吉林、辽宁和蒙东；华东：上海、江苏、浙江、安徽和福建；华中：河南、湖北、湖南和江西；西南：四川、重庆和西藏；西北：陕西、甘肃、青海、宁夏和新疆；南方：广东、广西、贵州、云南和海南。

各地区风电装机增长趋于均衡。"十二五"期间，我国风电装机增长以华北地区、西北地区和东北地区为主，尤其是 2015 年，西北地区新增装机占全国的 48.7%。2015 年之后，随着对风电利用率较低地区装机增长控制力度的加强，南方地区、华中地区风电新增装机快速增长，华东地区保持稳定增长，各区域风电装机增长趋于均衡，如图 1-7 所示。

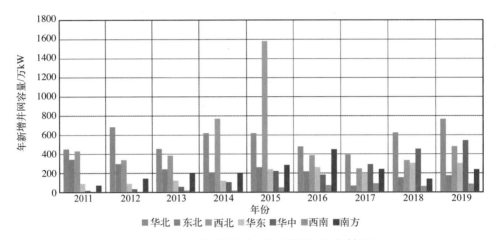

图1-7　各年新增风电并网装机分布情况

截至 2019 年底，内蒙古风电累计并网装机超过 3000 万 kW，居全国第一位，如图 1-8 所示。河南省风电新增并网容量约 326 万 kW，居全国第一位；青海省风电并网容量增长率约 73%，居全国第一位，如图 1-9 所示。风电装机投资监测预警红色地区的新疆、甘肃新增装机为 35 万 kW 和 15 万 kW，装机增长规模得到有效控制。

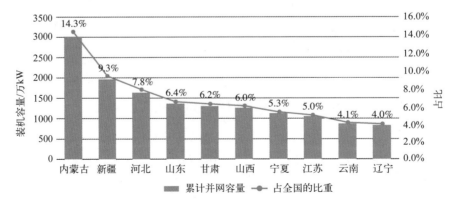

图1-8　截至2019年底风电装机排名前十的省（自治区、直辖市）

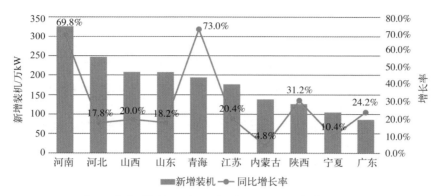

图1-9 2019年风电新增装机容量排名前十的省（自治区、直辖市）

3. 发电量与利用小时数

2019 年，风电发电量达 4057 亿 kW·h，首次突破 4000 亿 kW·h，同比增长 10.9%，占总发电量的 5.5%。全国风电平均利用小时数为 2082h，同比下降 21h。风电平均利用小时数较高的省份有云南（2808h）、福建（2639h）、四川（2553h）、广西（2385h）和黑龙江（2323h）。西北地区利用小时数整体偏低。华东地区风电利用小时数下降幅度较大，其中上海下降 424h、安徽下降 341h。具体如图 1-10 所示。

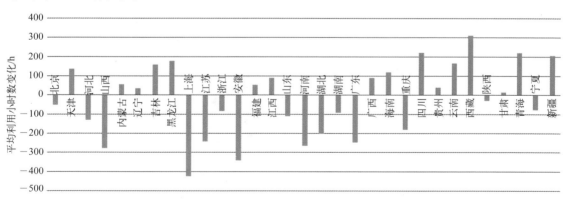

图1-10 6000kW及以上风电场发电设备平均利用小时数变化情况

1.1.2 太阳能发电

1. 并网装机

截至 2019 年底，全国太阳能发电累计并网容量达到 2.0 亿 kW，同比增长 17.3%。其中，集中式光伏 14167 万 kW，同比增长 14.5%；分布式光伏 6263 万 kW，同比增长 24.2%。2019 年，太阳能发电新增装机 3011 万 kW，同比下降 31.6%，同比增速继续大幅下降。其中，集中式光伏新增装机 1791 万 kW，分布式光伏新增装机 1220 万 kW。就年度装机进度来看，四季度并网容量占全年新增装机的 47%。

2013 年以来，我国太阳能发电装机呈加速增长态势，占总装机的比重由 2013 年的 1.3% 提升到 2019 年的 10.2%，即将赶超风电并网装机规模，如图 1-11 所示。"十二五"期间，太阳能发电装机年均增长约 850 万 kW；"十三五"前四年，年均增长高达 4050 万 kW。2016 年后，由于国家对太阳能发电弃光率进行严格管控以及补贴的持续"退坡"，新增装机规模继续回落。

图1-11　我国太阳能发电装机及占总装机比重变化情况

我国太阳能发电装机领跑优势显著。自 2015 年首次超过德国跃居世界首位以来，我国太阳能发电装机容量持续快速增长，相比第二梯队（美国、日本和德国）的领先优势持续扩大。截至 2019 年底，我国太阳能发电并网装机容量占全球总装机的35.0%，装机容量是美国和日本的3.3倍，是德国的4.2倍。主要国家太阳能发电并网装机容量变化情况如图1-12所示。

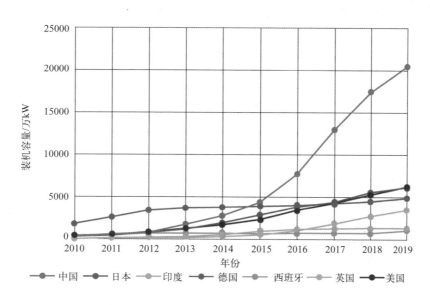

图1-12 主要国家太阳能发电并网装机容量变化情况

2. 开发布局

2019年，太阳能发电开发布局继续呈西、北与东、南并重格局，集中式与分布式新增容量比例为59%：41%。2019年，华北地区、西北地区等资源条件较好地区新增装机分居全国前两位，合计约占全国新增装机的50%；华东、南方和华中地区新增装机分列全国各地区的第3～5位，合计约占全国新增装机的44%。截至2019年底，华北、西北和华东地区太阳能发电装机分列全国前三位，远高于其他地区，合计约占全国太阳能发电总装机的70%。2019年我国各地区太阳能发电装机情况如图1-13所示。

各地区太阳能发电装机增长趋于均衡。"十二五"期间，我国太阳能发电装机增长以西北地区为主，尤其是2013年，西北地区新

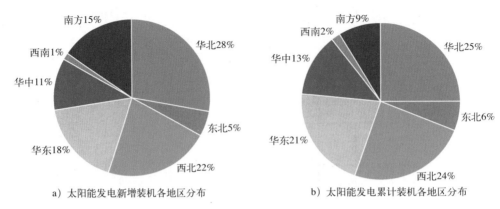

a) 太阳能发电新增装机各地区分布　　　b) 太阳能发电累计装机各地区分布

图1-13　2019年我国各地区太阳能发电装机情况

增装机占全国的84.1%。2017年，华东、华北和华中地区太阳能发电新增装机快速增长，三地区合计占年度新增装机的73.5%。2017年后，个别地区太阳能发电装机增长"一枝独大"现象得到明显改善，各地区增长更为均衡。具体如图1-14所示。

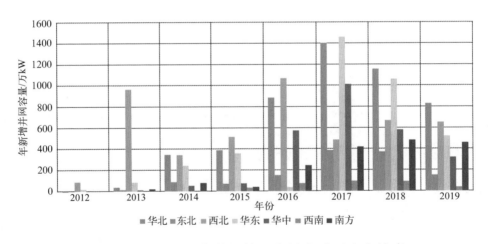

图1-14　太阳能发电装机并网容量各地区分布情况

截至2019年底，山东、江苏等十个省份的太阳能发电并网装机容量超过1000万kW，如图1-15所示。2019年，贵州新增装机出现阶跃式扩张，同比增幅达到187.0%。华北地区的山东、河北和山西保持稳定的增长幅度。山西和青海在地方推动下出现了较大规模的新能源集中并网，如图1-16所示。

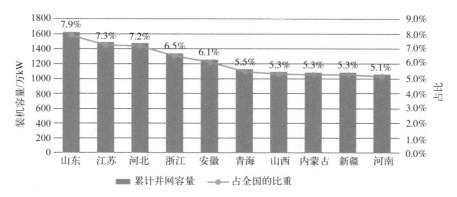

图1-15 截至2019年底太阳能发电装机排名前十的省（自治区、直辖市）

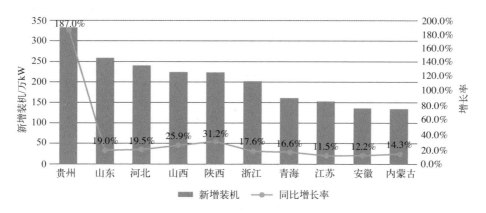

图1-16 2019年太阳能发电新增装机容量排名前十的省（自治区、直辖市）

3. 发电量与利用小时数

2019 年，太阳能发电量达 2238 亿 kW·h，同比增长 26.5%，占总发电量的 3.1%。全国光伏利用小时数为 1169h，同比增长 54h。太阳能发电平均利用小时数较高的省份有内蒙古（1593h）、黑龙江（1566h）、四川（1554h）和吉林（1504h）。除少数省份外，大多数省份的太阳能发电利用小时数同比呈增长态势，如图 1-17 所示。

1.1.3 生物质发电

截至 2019 年底，生物质发电累计并网容量达到 2254 万 kW，同比增长 26.6%。2019 年，生物质发电量为 1111 亿 kW·h，同比增长

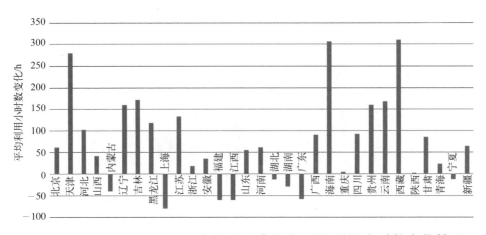

图1-17 6000kW及以上太阳能发电设备平均利用小时数变化情况

20.4%，如图1-18所示。从地区发展来看，累计装机排名前五位的省份为山东、广东、浙江、江苏和安徽，分别为324万kW、239万kW、203万kW、199万kW和195万kW。年度新增装机473万kW，新增装机较多的省份为广东、山东、江苏、安徽和浙江，分别为95.4万kW、66.5万kW、35万kW、28.9万kW和22.9万kW。年发电量排名前五位的省份为山东、广东、江苏、浙江和安徽，分别为140.8亿kW·h、120.2亿kW·h、110.4亿kW·h、106.7亿kW·h和97.7亿kW·h[二]。

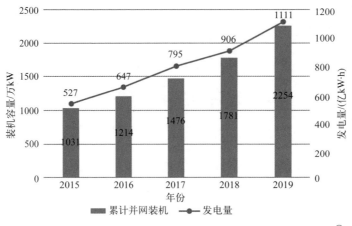

图1-18 生物质发电并网装机容量及发电量情况[二]

[一] 数据来自http://www.cec.org.cn/yaowenkuaidi/2020-03-07/199083.html。

[二] 数据来自国家能源局各年度的《全国可再生能源电力发展监测评价报告》。

1.2 新能源消纳利用

在国家能源主管部门政策引导下、在电网企业和发电企业的积极努力下，2016 年以来我国风光弃电量和弃电率连续实现"双降"。2019 年，风光利用率分别为 96.0% 和 98.0%，提前实现《清洁能源消纳行动计划（2018—2020 年）》中提出的 2020 年控制目标："2020 年，确保全国平均风电利用率达到国际先进水平（力争达到 95% 左右），弃风率控制在合理水平（力争控制在 5% 左右）；光伏发电利用率高于 95%，弃光率低于 5%"。

2019 年，全年弃风电量 169 亿 kW·h，同比减少 108 亿 kW·h，平均弃风率 4%，同比下降 3 个百分点。全国弃风率超过 5% 的地区只有新疆（弃风率 14.0%，弃风电量 66.1 亿 kW·h）、甘肃（弃风率 7.6%，弃风电量 18.8 亿 kW·h）和内蒙古（弃风率 7.1%，弃风电量 51.2 亿 kW·h）。三省（区）弃风电量合计 136.1 亿 kW·h，占全国弃风电量的 81%。同比来看，2019 年新疆、甘肃和内蒙古弃风率也得到显著改善，分别下降了 11.4、8.9 和 3 个百分点。

2019 年，全年弃光电量 46 亿 kW·h，同比减少 9 亿 kW·h，平均弃光率 2%，同比下降 1 个百分点。从重点区域看，弃光问题主要集中在西北地区，弃光电量占全国的 87%，弃光率为 5.9%，同比下降 2.3 个百分点。华北、东北和华南地区弃光率分别为 0.8%、0.4% 和 0.2%，华东、华中地区无弃光。从重点省份看，西藏、新疆和甘肃弃光率分别为 24.1%、7.4% 和 4.0%，同比下降 19.5、8.2 和 5.6 个百分点；受新能源装机大幅增加、负荷下降等因素影响，青海弃光率提高至 7.2%，同比提高 2.5 个百分点。具体如图 1-19 所示。

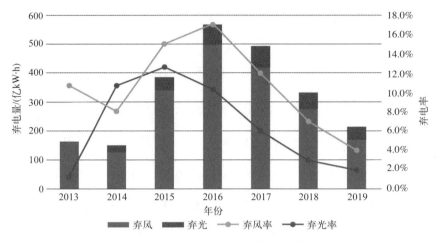

图1-19 近年来我国弃风弃光变化情况

1.3 促进消纳的主要举措

2019年，电网企业采取积极行动，落实国家部署，制定了促进新能源消纳的相关方案和具体措施，取得良好效果。国家电网有限公司制定印发了《落实清洁能源消纳行动计划 促进清洁能源消纳工作安排》，围绕引导有序发展、加快电网建设、加强统一调度、扩大交易规模、加强技术创新和强化组织领导六大方面，实施30项重点工作，全力促进新能源并网和消纳。南方电网公司印发了《南方电网公司2019年清洁能源消纳专项行动方案》，从加大市场调节、清洁能源调度和加强电网建设等六个方面提出了24条措施。主要内容如下：

1）在规划引领方面。通过加强规划编制与政策落实，促进新能源有序发展。①针对有限的消纳空间增长与各地区装机需求间的矛盾，电网企业滚动开展消纳能力测算，统筹"十四五"及中长期电力发展规划研究，积极配合各省区政府编制可再生能源电力消纳实施方案，主动向国家和地方能源主管部门报送新增规模和布局建议，引导合理发展节奏。②以接网和消纳条件为前提，出具平价试点项目、光伏发电竞价项目消纳意见。③严格执行国家预警文件要求，使红色预警省区（新疆、甘肃、西藏仅为平价和扶贫项目）新增装机得到有效控制，橙色、绿色地区新增规模得到进一步优化，约80%新增装机集中在新能源消纳状况较好（利用率高于95%）的省区。

2）在电网建设方面。通过加强电网能力建设，积极扩大新能源配置范围。① 2019 年国家电网有限公司开工张北－雄安 1000kV 特高压交流工程，加快建设青海－河南 ±800kV 特高压直流工程。②通过在换流站安装调相机、推动风电场耐压改造及推进配套电源建设等措施，大幅提高特高压跨区直流工程输送能力。③通过改扩建送出线路、实施电磁环网解环和优化安全自动装置等措施，有效缓解新能源送出断面卡口问题，主要外送通道能力提升超过 800 万 kW。④国家电网有限公司完成了加强省内输电通道建设、枢纽变电站扩建及建设调相机工程等 15 项重点工程，有力提升了新能源的省内消纳能力。⑤南方电网公司强化新能源富集地区骨干网架建设，建成投产贵州威宁 500kV 输变电工程等一批新能源资源富集地区输变电工程，有效解决了黔西北、滇西北的风电、光伏等新能源发电和中小水电消纳问题。"三北"地区电力外送特高压交直流工程见表 1-1。

3）在调度运行方面。通过加强跨区及区内统一调度，提升系统优化运行水平。①深化跨区大电网实时平衡能力建设，优化区域和跨区旋转备用共享机制，有效减少了西北、东北地区火电备用容量 400 万 kW 和 127 万 kW。②深挖火电调峰潜力，推动"三北"地区完成火电灵活性改造 1640 万 kW，累计完成 5775 万 kW。③充分发挥抽水蓄能电站作用，在华北、东北地区冬春富风季期间，抽水蓄

表1-1 "三北"地区电力外送特高压交直流工程

	名称	电压等级 / kV	额定容量 / 万 kW	投产时间 / 年
特高压直流	祁韶	±800	800	2017
	灵绍	±800	800	2016
	天中	±800	800	2014
	昭沂	±800	1000	2017
	吉泉	±1100	1200	2018
	鲁固	±800	1000	2017
	雁淮	±800	800	2017
	锡泰	±800	1000	2017
	合计		7400	
	名称	电压等级 / kV	变电容量 / 万 kW	投产时间 / 年
特高压交流	锡盟－山东	1000	1500	2016
	蒙西－天津	1000	2400	2016
	榆横－潍坊	1000	1500	2017
	合计		5400	

能电站基本保持"两发两抽"。④强化"日分析、旬总结、月报告"机制，督导各单位确保完成利用率目标。

4）在市场建设方面。不断完善市场运行机制，以市场促进可再生能源消纳。①配合政府能源主管部门，推动"三北"地区辅助服务市场建设，充分发挥全网调峰资源统筹能力，通过市场机制驱动常规电源调峰，多消纳新能源124亿kW·h。②落实提升输电通道利用率行动计划，国家电网有限公司经营区11回特高压直流平均利用小时数3491h，同比提高397h；新能源省间交易电量880亿kW·h，同比增长22%，其中跨区现货交易53亿kW·h。③现货市场建设取得实质性进展，南方（以广东起步）电力现货市场在全国率先结算试运行，南方区域统一电力市场建设稳步推进，市场化交易进一步扩大，全年省内市场化交易电量占比快速提升。

5）在新能源云平台建设方面。通过构建新能源云平台，促进源网荷协调发展。国家电网有限公司以满足各方需求为导向，构建"全环节、全贯通、全覆盖、全生态、全场景"的新能源开放服务体系，设计了供需预测、消纳计算、厂商用户、电网服务和电价补贴等15个功能子平台。对内提高新能源管理质效，提升电网业务全环节工作效率和服务水平；对外为政府决策提供参考，为广大用户提供服务，构建合作共赢的新型能源生态服务圈，促进新能源科学发展。截至2019年底，新能源云在13家省公司推广试点实施。

6）在政策研究和汇报沟通方面。①电网企业与国家发展改革委、能源局建立多层次、多渠道和多形式的沟通机制，为可再生能源消纳保障机制、风光平价上网、风光建设工作方案及全额保障性收购可再生能源监管办法等文件制定和发布，提供政策决策支撑。②严格落实国家发展改革委、能源局相关文件提出的"以电网消纳能力为前提"的要求，建立季度消纳能力动态分析机制。

1.4　小结

2019年，我国风光发电新增装机容量继续保持较快增长，风电装机增速平稳，太阳能发电装机增速继续回落。截至2019年底，我国风光发电装机占总装机的20.6%，同比增长1.8个百分点。其中，风电装机达到2.1亿kW，太阳能发电装机达到2.0亿kW，同比增长14%和17.3%。从年度装机进度来看，四季度风电新增装机占全年的49%，太阳能发电新增装机占全年的47%。我国风光发电装机规模继续引领世界发展，2019年我国风光发电并网装机容量分别占全球风电和太阳能发电总装机的33.8%和35.0%，新增装机分别占全球新增装机的 43.8% 和 31.0%。

在多方共同努力下，2019 年我国风光发电量占总发电量的比重达到 8.6%，弃电量和弃电率继续下降，国网经营区利用率达到 96.8%，提前实现 2020 年控制目标。2019 年全国弃风电量 169 亿 kW·h，同比减少 108 亿 kW·h，平均弃风率 4%，同比下降 3 个百分点；2019 年弃光电量 46 亿 kW·h，同比减少 9 亿 kW·h，平均弃光率 2%，同比下降 1 个百分点。

电网企业落实国家要求，多措并举提升新能源消纳能力，取得良好效果。国家电网有限公司制定印发了《落实清洁能源消纳行动计划促进清洁能源消纳工作安排》，围绕六大方面，实施 30 项重大工作。南方电网公司印发了《南方电网公司 2019 年清洁能源消纳专项行动方案》，从六个方面提出了 24 条措施。

第 2 章

新能源发电产业发展

2019 年，我国新能源发展进入产业政策调整期，转型升级加快推进，行业逐步走向成熟，总体保持了平稳发展、稳中有进的态势。

2.1 风电产业发展

在国家政策的大力支持下，我国风电产业实现了蓬勃发展。风电装机规模连续 9 年位居全球首位，已经成为我国第三大电源，驱动着风电产业平稳发展。风电产业链逐步完善，全球整机企业装机排名前 15 位中有 8 家为中国企业。风电装备技术稳步提升，已经具备兆瓦级风电整机自主设计研发能力；风电设备零部件国产化程度得到进一步提升，关键部件约 95% 以上已实现自主生产[⊖]。

2.1.1 风机制造企业

2011 年起，我国新增和累计装机容量均位居全球首位。我国已成为全球最大的风电装备制造基地，截至 2018 年底，风力发电机组累计装机数量达 12 万多台，在满足国内市场的同时出口到 34 个国家和地区。

我国风电产业链形成了全球化的竞争格局，国内风电设备企业已经具备了与国外企业公平竞争的实力。在国家政策的大力推动下，十多年来风电市场稳步发展，我国风电制造企业的总体实力及在国际市场的竞争力正不断提升，风电也成为我国少数能够参与国际竞争的战略性高端绿色装备制造产业。据全球风能理事会（GWEC）统计的数据显示，2019 年排名前 15 位的风电设备整机制造企业

⊖ 秦海岩. 风电助力中国打造高质量发展全球样本[J]. 中国电力企业管理，2019(25):38-43.

中，中国企业有8家，其中金风科技全球排名第3，全球市场份额13.2%，全球十五大风机设备供应商及市场份额见表2-1。国外设备制造企业在中国市场的竞争力不断下降，2000年之前，外企独占整个中国风电市场，截至2018年底，维斯塔斯等3家国外知名制造企业在中国市场的份额仅为4.4%。

表2-1 全球十五大风机设备供应商及市场份额

排名	2018年			2019年		
	企业名称	市场份额(%)	国家	企业名称	市场份额(%)	国家
1	维斯塔斯	20.3	丹麦	维斯塔斯	18.0	丹麦
2	金风科技	13.8	中国	西门子歌美飒(Siemens – Gamesa)	15.7	德国－西班牙
3	西门子歌美飒(Siemens – Gamesa)	12.3	德国－西班牙	金风科技	13.2	中国
4	通用电气可再生能源	10.0	美国	通用电气可再生能源	11.6	美国
5	远景能源	8.4	中国	远景能源	8.6	中国
6	Enercon	5.5	德国	明阳智能	5.7	中国
7	明阳智能	5.2	中国	恩德安迅能(Nordex – Acciona)	4.9	德国－西班牙
8	恩德安迅能(Nordex Acciona)	5.0	德国－西班牙	Enercon	3.0	德国
9	联合动力	2.5	中国	运达风电	2.5	中国
10	上海电气	2.3	中国	东方风电	2.1	中国
11	Suzlon	1.8	印度	上海电气	2.0	中国
12	Senvion	1.8	德国	海装风电	1.8	中国
13	运达风电	1.7	中国	Senvion	1.7	德国
14	海装风电	1.6	中国	联合动力	1.7	中国
15	湘电风能	1.1	中国	三菱维斯塔斯(MHI Vestas)	1.6	丹麦－日本

注：数据来自世界风能理事会（GWEC）。

我国风电企业已经拥有技术自主知识产权和品牌，除满足国内市场之外，还实现了小规模出口。截至2018年底，风电整机设备出口遍布全球 34 个国家和地区，出口总容量达到 358 万 kW，其中向美国出口的风电机组容量最多，占出口总容量的 15.4%；其次是澳大利亚、巴基斯坦和南非，出口占比分别为 14.3%、11.9% 和 8.3%。在风电机组制造企业中，金风科技出口量最大，占总出口容量的 72.8%；其次是远景能源（20%）、东方电气（5.2%）和湘电风能（2%）等。

截至 2018 年底，我国海上风电整机制造企业共 12 家，其中累计装机容量达到 70 万 kW 以上的企业有上海电气、远景能源和金风科技，这 3 家企业海上风电机组累计装机量占海上风电总装机容量的 85.9%，上海电气以 50.9% 的市场份额遥遥领先。

2.1.2 技术发展情况

1. 风电机组制造技术

经过近十年的发展，我国风电整机设备已经具有自主设计研发能力，齿轮箱、发电机和叶片等关健部件的可靠性逐步提高，气动及动力学设计技术、变距技术和控制技术等共性关键技术研究不断取得进步。2018 年我国海上风机制造商装机情况见表 2-2。

大容量机组研发能力加强。在国家政策大力支持和引导下，自 2006 年起，特别是 2012 年以来，我国风电技术研发能力得到显著提升，从早期的引进技术、消化吸收、再创新，到形成具有自主知识产权的多兆瓦级大型风电机组的研发能力。在 5MW 以下机组设计制造方面，我国风电企业已基本达到世界先进水平；在 5MW 以上海上风电机组设计制造方面，随着我国海上风电技术的研究、示范和商业推广，与世界先进水平的差距也在逐步缩小。2010 年以来，在新增风电装机市场中，2MW 及以上的风电机组装机市场份额

表2-2 2018年我国海上风机制造商装机情况

企业名称	累计装机数 / 台	累计装机容量 / MW	海上风机占该公司全部装机容量的比例 (%)
上海电气	592	2262	42
远景能源	194	784	4.9
金风科技	268	775	1.6
明阳智能	41	133	0.7
联合动力	32	66	0.4
湘电风能	12	63	0.6
华锐风电	56	170	1
中国海装	36	144	1.6
东方电气	4	15	0.1
太原重工	2	10	0.8
三一重能	2	4	0.1

注：数据来源于中国可再生能源学会风能专委会（CWEA）。

不断上升，2018 年占全国新增装机容量的 95%；2019 年单机容量为 8MW 的风电机组吊装成功，且已经成功研制出应用于海上风电 10MW 功率等级 B900A 型 90m 长的叶片，目前 10MW 风电机组已经成功下线，海上 12MW 机组正在测试，计划于 2021 年投运。中国历年新增和累计装机风电机组平均单机容量如图 2-1 所示。

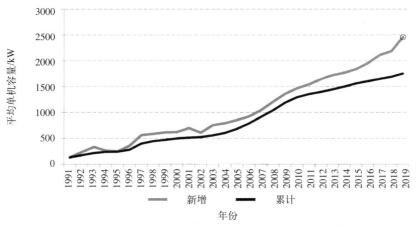

注：数据来源于中国可再生能源学会风能专委会（CWEA）。

图2-1 中国历年新增和累计装机风电机组平均单机容量

低风速机组研发加速。我国风电整机企业已经掌握了风电设计核心技术，自主研发适应不同环境的机型，适应我国高海拔、低风速、台风、风沙等特殊环境和风况条件的风电机组技术。随着我国中东南部地区风电资源开发，风电整机的叶片在不断加长，塔筒也越来越高，已经将可利用的风能资源下探到5m/s左右的低风速地区，极大提高了风能资源开发潜力。国内制造的最长叶片已经可以达到90m，风轮直径则在过去十年增长了一倍以上，目前最大风轮直径为171m，国内最高轮毂高度超过了150m，更高的160m机组也即将进入市场。2019年8月，全球首款950V双馈三电平3.X兆瓦级风机在河北风场并网，这是业内首次将三电平电气传动技术应用于双馈风机，有望进一步降低风电度电成本。

风电设备新技术不断涌现。以激光雷达为代表的新型传感技术在主流新机型研发中的广泛应用，可以在减少阵风冲击的同时，优化机组发电效率；叶片涡流发生器、叶尖小翼等增强气动技术的应用，能够显著提高发电性能；高塔架（柔塔和混塔）技术的应用，大幅提升机组在低风速地区的应用前景；集中监控、故障预测和寿命分析技术使得风电整体管理变得更加智能高效。

风电设备零部件国产化程度得到进一步提升。风电整机由几十种部件构成，其中关键部件包括叶片、齿轮箱、发电机、主轴承、变流器和控制系统等。目前风电整机供应商从部件生产企业处采购部件进行组装，外购部件占整个风电机组成本的50%～85%。目前除主轴承外，上述关键部件已通过与国外合作消化吸收、自主开发等方式基本实现国产化。为控制成本，95%以上的关键部件已实现本地化生产。

轴承等关键部件生产技术仍需加强。轴承为风机的核心关键部件，包括主轴承、偏航轴承和变桨轴承等，国产化程度不同。60%以上的主轴承仍依靠进口，而偏航轴承和变桨轴承国产化程度较高，30%左右需要进口。目前国内市场由SKF（瑞典）和FAG（德国）占据。轴承尤其是大兆瓦级轴承目前还没有实现国产化，其主要原因是国内厂家技术工艺和质量控制经验不足，使得加工精密度不够，将对机组产生严重的影响。另外，个别原材料（如叶片原材料轻木）以及PLC、IGBT等核心元器件全部依靠进口。这不仅仅是风电行业自身面临的问题，也是整个机械加工和电力电子等国内工业基础的共性问题。除此之外，我国风机整机的可靠性与国外还有一定差距，海上风电机组所需的设备制造能力也需要提升。

2. 风电场建设和运维技术

1986年我国在山东省建成了165kW装机容量的第一个示范性风电场，2019年全国31个省区（不包括台湾和港澳地区）建成总装机容量达2.1亿kW的集中式和分散式风电场。我国在陆上风电方面已经积累了丰富的设计、施工和建设经验，同时也促进了风电场建设和运行技术的不断进步。从风能资源评估、风电场选址、风电场设计、风电场土建工程、风电机组运输和安装、风电场电气系统建设、风电机组调试、风电场并网和运行调试等环节已经实现了规范化。随着风电场开发的深入，我国陆上风电场的开发环境更加多元化，在丘陵、山区等复杂地形和低温、低风速等特殊环境条件下建设的分散式风电场项目越来越多。

目前，我国海上风电场建设主要在潮间带的浅海地区，未来将逐步向远海和深海领域发展。随着我国海上风电规划与装机海域不断向深海迈进，漂浮式风电因其经济性，技术发展前景广阔。截至 2018 年底，我国初步完成深远海大型汇流站设计及柔性直流传输技术研发和相应开发准备。基于分散整流的直流一体化技术具有显著的先进性和经济性，将有望成为海上风电远距离送出的颠覆性技术。

3. 风能标准、检测和认证技术

近年来，随着风能产业的快速发展，建设综合性的公共检测平台，提升中国风电检测水平，保证风电产品质量十分重要。国家能源局和国家科技部先后在风电设备制造企业和研究机构中组建了一批国家重点实验室和国家工程技术中心，规划建设公共检测平台，其中属于第三方检测机构的有中国电力科学研究院有限公司负责建设的国家能源大型风电并网系统研究中心——张北风电试验基地，主要任务是在风场对风电机组性能进行检测，特别是对低电压穿越能力和电网适应性的检测工作。我国风电设备主要依据 IEC61400 系列标准进行认证，目前，已按照中国国家标准《风力发电机组合格认证规则及程序》进行设计认证、型式认证、项目认证和部件认证。近年来，我国风电认证机构还积极开展对外技术交流与合作，加入了国际电工委员会可再生能源设备认证互认体系（IECRE），与国际认证机构建立战略合作关系，实行互认。

2.1.3　风电发电成本

1. 陆上风电成本

目前，我国陆上风电平均建设成本约为 7500 元 /kW。其中，"三北"地区属于风资源丰富区域，多为集中式风电场，其建设造价成本较低，范围在 6000 ～ 7000 元 /kW 之间；而中东南部地区属低风速区域，多为分散式风电，其建设成本相对较高，可达7500 ~ 8000 元 /kW。

过去十年，我国风电机组价格从 5500 元 /kW 下降到 3550 元 /kW 左右，十年间下降了 35.5%。近年来，土地成本、电网接入和项目前期开发管理费用等非技术成本占比逐渐增加，目前约占到总成本的 9%。风电机组变化趋势如图 2-2 所示。

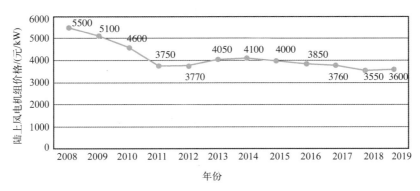

图2-2 风电机组价格变化趋势

2. 海上风电成本

目前我国在建的海上风电项目单位千瓦投资 14000 ~ 19000 元，约为陆上风电的两倍，主要包括设备及安装工程费用、建筑工程投资、施工辅助工程费用和其他投资费用，其中设备及安装工程费用占比较高，约占 54%。具体见表 2-3。

表2-3 2019年海上风电场工程投资比例

海上风电场工程投资	投资类别	投资金额 /（元 /kW）
设备及安装工程费用	风电机组部分投资	6200 ~ 7000
	塔筒	450
	相关电气设备费用	800
建筑工程费用	风电机组建筑工程费用	2600 ~ 3300
施工辅助费用	施工码头、大型船舶（机械）进出场费、前期工程费、资源补偿费、项目建管费和生产准备费等	700 ~ 1100

（续）

海上风电场工程投资	投资类别	投资金额 /（元 /kW）
其他费用	接班预备费	300 ~ 500
	建设期利息	300 ~ 500
合计		14000 ~ 19000

根据海上风资源条件的差异性，将海上风电分为以江苏、浙江地区为主和以广东、福建为主的两类风资源区。山东渤海及江苏、浙江等地海域风能资源略差，利用小时数相对较低，但其海床条件好、飓风很少，因而单位千瓦投资较低，在 14000 ~ 16000 元 /kW 之间；福建以及粤东划分为 I 类风区，风能资源好，利用小时数高，但海床条件差、飓风条件恶劣，因而单位千瓦投资较高，在 16000 ~ 19000 元 /kW 之间。具体见表 2-4。

表2-4　2018年不同区域海上风电成本情况分析

机型			4MW /（万元 / 台）	单位造价 /（元 / kW）	6MW /（万元 / 台）	单位造价 /（元 / kW）
			江苏、浙江地区为主		广东、福建地区为主	
风机基础	非嵌岩	单桩基础	950 ~ 1350	2 375 ~ 3375	—	—
		导管架基础	1000 ~ 1400	2500 ~ 3500	1800 ~ 2400	3000 ~ 4000
		高桩承台基础	1200 ~ 1500	3000 ~ 3750	—	—
	嵌岩	单桩基础	—	—	2100 ~ 2600	3500 ~ 4330
		导管架基础	—	—	2200 ~ 3000	3660 ~ 5000
220kV 海上升压站（含陆上集控中心）	200MW		22000 ~ 26000 万元 / 座			
	300MW		24000 ~ 29000 万元 / 座			
	400MW		26000 ~ 31000 万元 / 座			

在海上风电标杆电价下调的驱动下，随着大容量海上风电机组的国产化、批量化生产加快，以及施工设备和安装工艺水平的提高，预计

到 2021 年，江苏、山东渤海等海域的风电场单位千瓦投资有望下降至 13500 元；上海、浙江、粤西的风电场单位千瓦投资有望下降至 15500 元；福建以及粤东风电场的单位千瓦投资有望下降至 17500 元。

2.2　太阳能发电产业发展[⊖]

2.2.1　太阳能发电设备

1. 光伏发电

2019 年，尽管在政策调整下，我国光伏应用市场有所下滑，但受益于海外市场增长，我国光伏产业各环节规模依旧保持快速增长势头。

多晶硅方面，截至 2019 年底，我国多晶硅产能达到 46.2 万 t，同比增长 19.4%；产量约 34.2 万 t，同比增长 32.0%。国内年产量在万吨以上的企业有 6 家，其产量约 28.7 万 t，占总产量的 83.9%。随着多晶硅产能增量的释放，预计 2020 年产量将达到 39 万 t。具体如图 2-3 所示。

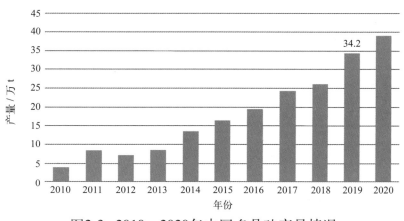

图2-3　2010—2020年中国多晶硅产量情况

⊖　本节数据主要来自中国光伏行业协会。

硅片方面，2019 年我国硅片产量约为 134.6GW，同比增长 25.7%，单晶硅片实现大逆转，占比超过 65%。截至 2019 年底，产量超 2GW 的企业有 9 家，产量约占总产量的 85.5%，全球前十大生产企业均位于中国。随着领先企业加速扩张，预计 2020 年全国硅片产量将达到 145GW，如图 2-4 所示。

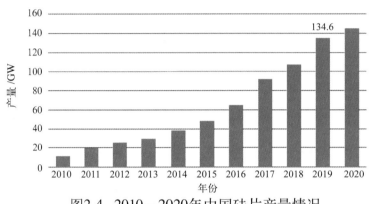

图2-4　2010—2020年中国硅片产量情况

电池片方面，2019 年我国电池片产量约为 108.6GW，同比增长 27.8%。电池片产量超过 2GW 的企业有 20 家，其产量占总产量的 77.7%，集中度进一步提高。预计 2020 年全国电池片产量将超过 118GW，如图 2-5 所示。

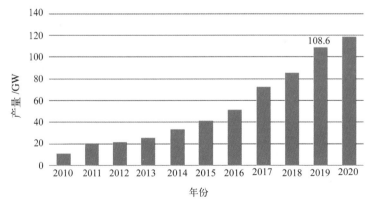

图2-5　2010—2020年中国电池片产量情况

组件方面，2019 年我国组件产量达到 98.6GW，同比增长 17.0%，以晶硅组件为主。组件产量超过 2GW 的企业有 13 家，其产量占总产量的 65.6%，集中度进一步提高。预计 2020 年组件产量将超过 107GW，如图 2-6 所示。

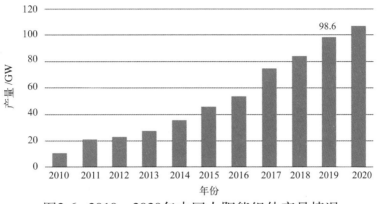

图2-6　2010—2020年中国太阳能组件产量情况

单晶硅份额快速提升。2019 年单晶硅片企业持续扩张产能，单晶硅片龙头企业隆基 2019 年单晶硅片产能已达到 35GW，天津中环单晶硅片产能超过 24GW。随着单晶电池和组件产品价格快速下降，体现出了更好的性价比优势，市场需求（尤其是海外市场需求）开始逐步转向单晶硅片。多晶硅片电池企业在价格压力下，盈利能力大幅下滑，甚至开始出现现金流缺口，部分企业减产，甚至停产。综合以上因素的影响，2019 年单晶产品占比快速提升。2019 年单晶硅片市场占比首次超过多晶硅片，达到 65%，同比增加 20 个百分点；多晶硅片市场占比由 2018 年的 55% 下降至 2019 年的 32.5%。同时，铸锭单晶产品在 2019 年内逐渐进入市场，2019 年市场占比约为 2.5%。具体如图 2-7 所示。

2. 太阳能热发电

太阳能热发电站一般由聚光系统、吸热系统、热力循环系统、发电系统和蓄热系统组成。我国太阳能热发电产业链相比过去几年[⊖]有

⊖　参考胡喜鹏《2018年中国光热发电行业发展分析》。

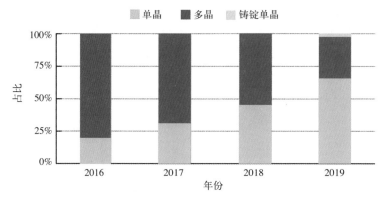

图2-7　2016—2019年不同类型硅片市场占比变化情况

很大进步，但仍面临一些市场和技术问题。

（1）反射镜产品

当前的市场规模还难以支撑国内主要反射镜厂商的发展，反射镜市场整体利润率较低，厂商生存压力较大。在槽式镜领域，2018年，国内市场仅有乌拉特中旗100MW项目采购，海外市场没有形成实际出货。在平面镜领域，2018年情况相对较好，有6个塔式和1个菲涅尔式项目启动建设。

（2）集热管

集热管只适用于线聚焦项目。2018年我国启动的线聚焦项目较少，仅有乌拉特和大成敦煌项目，总共采购量约7万支。海外市场也没有出货。

（3）塔式吸热器

国内吸热器厂商在吸热器涂层方面受制于海外市场，目前几乎全部使用进口的Pyromark 2500涂料。2018年共有5个塔式电站实现了吸热器的采购。受中美贸易摩擦的影响，对国内吸热器的生产造成了一定影响，延误了部分塔式电站工期。

（4）支架

目前支架供应厂商的数量在10家左右，由于不是仅对光热发电供货，因此受光热发电市场影响较小。塔式电站支架差异较大，既有采用自有支架设计方案的项目，也有采用 Abengoa、巨蜥定日镜等国外设计方案的项目。槽式电站支架主要采用海外的技术方案。

（5）液压系统和减速机

跟踪驱动涉及的关键部件包括液压系统、回转减速机和电动推杆。液压系统主要用于槽式项目，减速机和电动推杆用于塔式项目。2018 年，液压驱动产品获得 50MW 塔式电站订单，而此前塔式电站较少采用液压系统驱动。

（6）熔盐和熔盐泵

熔盐采购量较大，50MW 槽式项目大概需要 3 万 t，50MW 塔式项目约为 1 万 t。熔盐的内地厂商主要集中在东部地区，运往西部项目地的运输成本非常高，不具备价格竞争力，因此东部厂商对于供货西部光热项目的积极性并不高，目前项目供货厂商以西部地区厂商为主。熔盐产品市场供小于求，原因主要包括：一是环保；二是西部部分地区天然气短缺；三是运输成本和原材料涨价引起熔盐价格上涨，导致项目方采购熔盐的成本大大超过预期；四是对光热市场的预期不足，导致国内熔盐的实际产能有限，不能够充分满足市场的需求。

（7）汽轮机

汽轮机作为常规岛的关键设备，几乎所有项目全部完成了汽轮机采购，国产厂商主要包括东汽、杭汽、哈汽和上汽等，外资厂商以西门子为代表。进口汽轮机仍具有领先技术优势，但是交货期长，延缓了部分项目的进度。四个国产汽轮机厂商 2018 年都有供货，实现了商业化业绩的突破。

2.2.2 技术发展情况

光伏产业化技术方面，多晶硅生产综合电耗已降至 70kW·h/(kg-Si)，受益于万吨级设备的采用，设备投资成本已下降至 1.1 亿元 / 千 t；硅片方面，单晶炉单炉投料量提升至 1300kg，铸锭单晶技术已开始产业化应用，158.75mm、166mm 等大硅片技术已批量生产；晶硅电池组件方面，PERC 单晶电池产业化平均效率达到 22.3%，N 型电池研发、生产规模逐步扩大，60 片单晶 PERC 组件功率达到 320W。与此同时，我国光伏企业在 PERC、TOPCon、异质结和 IBC 等高效晶硅电池生产技术及薄膜电池技术研发上先后取得突破，并不断刷新世界纪录。具体如图 2-8 ～图 2-11 及表 2-5 所示。

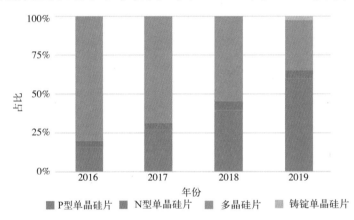

图2-8 2016—2019年不同类型硅片市场占比变化情况

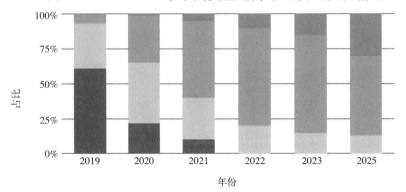

图2-9 不同尺寸硅片市场占比预测

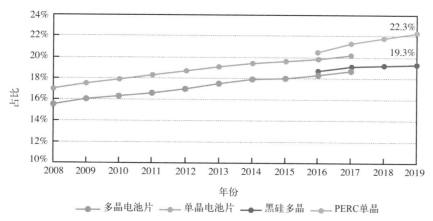

图2-10 2008—2019 年国内电池片量产转换效率发展趋势

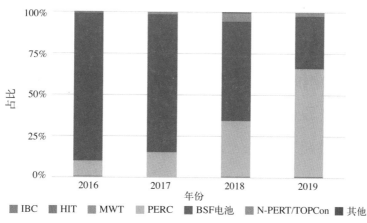

图2-11 2016—2019 年各种电池技术市场占比变化情况

表2-5 2019—2025年各种电池技术平均转换效率变化趋势 （%）

分类		2019 年	2020 年	2021 年	2022 年	2023 年	2025 年
多晶	BSF P 型多晶硅电池	19.3	19.4	19.5	—	—	—
	PSRC P 型多晶黑硅电池	20.5	20.8	21.0	21.2	21.5	21.7
P 型单晶	PSRC P 型铸锭单晶电池	22.0	22.3	22.5	22.7	22.9	23.2
	PSRC P 型单晶电池	22.3	22.7	23.0	23.2	23.4	24.0
N 型单晶	N－PERT/TOPCon 电池	22.7	23.3	23.5	23.8	24.0	24.5
	异质结电池	23.0	23.5	24.0	24.5	25.0	25.5
	背接触电池	23.6	23.8	24.1	24.3	25.0	25.5

注：1. 背接触 N 型单晶电池目前处于中试阶段。
2. 均只记正面效率。

光伏前沿技术方面，钙钛矿电池研发效率不断取得突破，2019年有中国企业生产出转换效率达到 14.3% 的钙钛矿薄膜组件，先后两次刷新世界纪录，并被美国国家可再生能源实验室（NREL）收录到最新版的光伏组件效率进展图中。纳米制造的钙钛矿光伏组件转化效率达 13.48%，并已建成 10MW 级别大面积钙钛矿组件中试生产线。

光热发电技术方面，当前国内投入运营的兆瓦级以上光热发电项目屈指可数，运行时间普遍短于 3 年，尚未形成具备参考价值的长期运行记录，在不同地区差异性气候和光照条件下的运行数据则更为欠缺。光热发电技术目前还存在运行效率不稳定、部分组件故障率高等问题，需要依靠技术创新予以改进，亦有赖于持续投入的研发资金支持。其中油质、熔盐等储能技术是提升光热发电系统效率、实现与光伏技术差异化竞争的关键所在，但当前受限于成本等因素，实际发展未达到预期水平。

2.2.3 太阳能发电成本

1. 光伏发电成本

在多晶硅环节，由于产能供需失衡，价格一度跌破成本线。多晶硅生产全成本降至 60 元 /kg 以下，领先企业降至 50 元 /kg 以下。对于多晶硅生产企业，虽然单晶用多晶硅致密料价格保持平稳，但多晶用多晶硅料价格非常低；新线成本较低，但旧线成本较高，综合来看，多晶硅企业盈利能力不容乐观。

在硅片环节，2019 年单晶硅片供不应求，全年价格相对坚挺，盈利能力在制造环节中属于首位。

在电池片环节，经历了 2019 年 PERC 电池供过于求导致的价格滑坡后，盈利能力出现下滑，随着四季度需求的回升，领先企业的盈利能力基本恢复。

在组件环节，多晶组件受益于海外市场和国内扶贫、户用市场的拉动，前三季度表现较好，价格未出现大幅下滑。但进入第四季度，随着单晶组件价格的持续下滑，部分多晶订单开始转向单晶，导致多晶组件需求减弱，价格重新开始下跌；而单晶组件因为国内的需求启动较晚，价格下滑幅度较大，但同时电池片价格的快速下滑，使得下半年的盈利能力持续走高。2019年企业单晶PERC组件成本降至1.31元/W左右。

从项目系统成本来看，光伏发电系统初始全投资成本降至4.2美元/W左右，度电成本降至0.28～0.5元/(kW·h)，2019年光伏产品价格变化情况见表2-6。

表2-6 2019年光伏产品价格变化情况

时间	多晶硅/（美元/kg）		硅片/（美元/片）		电池片/（美元/W）		组件/（美元/W）	
	菜花料	致密料	多晶	单晶	多晶	单晶PERC	多晶	单晶PERC
2019年1月	72	79	2.068	3.07	0.892	1.292	1.792	2.25
2019年6月	60.75	75.25	1.895	3.12	0.89	1.185	1.715	2.2
2019年12月	54	73	1.6	3.06	0.6062	0.95	1.59	1.762
年度变化（%）	－25.0	－7.6	－22.6	－0.3	－32.0	－26.5	－11.3	－21.7

2. 太阳能热发电成本

光热产业处于发展初期，发电项目装机规模较小、数量有限，对设备和组件的有效需求不足。受限于市场容量，上游设备制造企业未形成规模化产能，聚光镜、集热管和追踪器等关键组件的生产成本居高不下。目前槽式、塔式光热的单位造价达到晶硅光伏的3～5倍，就成本效益而言，其竞争力相对较弱。

2.3　小结

我国风电产业链形成了面向全球化的竞争格局，国内风电设备企业已经具备了与国外企业公平竞争的实力。我国是世界上第一大风电装机国，也是最大的风电装备生产国。经过近十年的发展，我国风电整机设备已经具有自主设计研发能力，装备中齿轮箱、发电机和叶片等关键部件的可靠性逐步提高，气动及动力学设计技术、变距技术和控制技术等风电共性技术研究不断取得突破。

目前，我国陆上风电单位千瓦投资为 6000～8000 元。"三北"地区风能资源丰富，其单位千瓦投资范围在 6000～7000元；中东南部地区属低风速区域，其单位千瓦投资相对较高，可达 7500～8000 元。我国海上风电项目工程的单位千瓦投资为 14000～19000 元。山东渤海及江苏、浙江等地海域风能利用小时数相对较低，但其海床条件好、飓风很少，单位千瓦投资在14000～16000 元；福建以及粤东风能资源好，利用小时数高，但海床条件差、飓风较多，单位千瓦投资为 16000～19000 元。

2019 年我国光伏各环节产业规模依旧保持快速增长势头，单晶硅片市场占比首次超过多晶，成本也继续下降；高效晶硅电池生产技术、薄膜电池技术先后取得突破，PERC 单晶电池产业化平均效率达到 22.3%.

光热发电产业链尚不成熟，利润率普遍偏低、国内出货规模较少。光热项目主要以推进试点建设为主，2019 年全国累计装机达到42 万 kW，已跻身到世界光热装机第五位，但距"十三五"规划的500 万 kW 还有较大差距。

第3章

国内外新能源发电政策

2019 年是我国新能源发电发展历程中里程碑式的一年，国家能源主管部门相继发布多项重大政策，在推进新能源发电从高速度向高质量转型发展的同时，再次从多个方面要求源网协调。

3.1 我国新能源发电年度重大政策

为解决巨额补贴缺口及实现 2020 年 95% 的全国平均利用率目标，2019 年我国密集出台多项新能源发电并网政策，核心要点为：改变定价方式，以指导电价代替标杆电价，以市场竞争方式推进平价上网；改变发展方式，设置可再生能源电力消纳责任权重，引导发展节奏与优化布局；优化审批方式，将电网消纳能力作为风光项目建设立项的重要先决条件。

2019 年发布的年度重大政策见表 3-1。

3.1.1 规划与消纳方面

政策明确了风电项目获取补贴的"关门时间"，未来需各方协作以保障利用率目标的实现。由于政策给出了风电项目补贴执行的最后时限要求，将导致 2018 年底前核准的陆上风电项目在 2020 年底，2019—2020 年核准项目在 2021 年底前，海上风电在 2021 年底前出现抢装并网潮。为防止已获核准的风电项目大规模集中并网，未来需要从地方政府到发电企业与电网企业的多方配合，合理引导风电建设时序与并网规模，保障 2020 年底全国平均 95% 利用率目标的实现。

政策明确了电网企业在责任权重制定中的角色，有利于电网发挥平台作用，引导发展节奏与优化布局。根据政策要求，需要电网

表3-1 2019年新能源发电相关重大政策

序号	文件名	发布时间
1	国家发展改革委、国家能源局《关于积极推进风电、光伏发电无补贴平价上网有关工作》的通知（发改能源〔2019〕19 号）	2019.1.7
2	国家发展改革委《关于完善光伏发电上网电价机制有关问题》的通知（发改价格〔2019〕761 号）	2019.4.28
3	国家发展改革委、国家能源局《关于建立健全可再生能源电力消纳保障机制》的通知（发改能源〔2019〕807 号）	2019.5.10
4	国家发展改革委办公厅、国家能源局综合司《关于公布 2019 年第一批风电、光伏发电平价上网项目》的通知（发改办能源〔2019〕594 号）	2019.5.20
5	国家发展改革委《关于完善风电上网电价政策》的通知（发改价格〔2019〕882 号）	2019.5.21
6	财政部《关于下达可再生能源电价附加补助资金预算（中央企业）》的通知（财建〔2019〕275 号）	2019.5.24
7	国家能源局《关于2019年风电、光伏发电项目建设有关事项》的通知（国能发新能〔2019〕49 号）	2019.5.28
8	国家发展改革委《关于全面放开经营性电力用户发用电计划》的通知（发改运行〔2019〕1105 号）	2019.6.22
9	国家发展改革委办公厅、国家能源局综合司印发《关于深化电力现货市场建设试点工作的意见》的通知（发改办能源规〔2019〕828 号）	2019.7.31

企业提前开展各省区可再生能源消纳能力滚动研究，充分挖掘系统内各种灵活性资源潜力及辅助服务市场、电力市场潜力，为国家能源主管部门和省级能源主管部门制定消纳责任权重提供技术支持；加强电力市场建设及与责任权重的衔接，组织责任权重的具体实施、消纳核算及跨省区消纳量交易和可再生能源电力消纳信息报送等。

1. 关于完善光伏发电上网电价机制有关问题的通知

4 月 28 日，国家发展改革委发布《关于完善光伏发电上网电价机制有关问题的通知（发改价格〔2019〕761 号）》，主要目标为完善光伏发电上网电价机制。政策要点：

一是完善上网电价形成机制。将集中式光伏电站标杆上网电价改为指导价，新增集中式光伏电站上网电价，原则上通过市场竞争方式确定，不得超过所在资源区指导价。

1）纳入国家财政补贴范围的Ⅰ~Ⅲ类资源区新增集中式光伏电站指导价，分别确定为0.4元/（kW·h）、0.45元/（kW·h）和0.55元/（kW·h）。

2）"全额上网"的工商业分布式光伏，按所在资源区集中式光伏电站指导价执行。

3）已纳入国家财政补贴规模且已确定项目业主，但尚未确定上网电价的集中式光伏电站，2019年6月30日之前建成并网的集中式光伏项目，执行2018年电价；7月1日（含）后并网的，上网电价按照本通知规定的指导价执行。

4）纳入国家可再生能源电价附加资金补助目录的村级光伏扶贫电站（含联村电站），对应的Ⅰ~Ⅲ类资源区上网电价保持不变，仍分别按照0.65元/（kW·h）、0.75元/（kW·h）和0.85元/（kW·h）执行。

二是适当降低新增分布式光伏发电补贴标准。

1）纳入2019年财政补贴规模，"自发自用、余量上网"的工商业分布式光伏项目全发电量补贴标准为0.10元/（kW·h）；实行市场竞争方式配置的工商业分布式光伏项目，价格不得超过所在资源区指导价，补助标准按照集中式光伏电站执行，且补贴标准不得超过0.1元/（kW·h）。

2）纳入2019年财政补贴规模，户用分布式光伏全发电量补贴标准调整为0.18元/（kW·h）。

2. 关于完善风电上网电价政策的通知

5月21日，国家发展改革委发布《关于完善风电上网电价政策的通知》（发改价格〔2019〕882 号），主要目标为完善风电上网电价机制。政策要点：

一是完善上网电价机制。将陆上风电、海上风电标杆上网电价均改为指导价，新核准的集中式陆上风电项目、海上风电项目全部通过竞争方式确定上网电价，陆上风电电价不高于项目所在资源区指导价。

1）陆上风电 I～IV 类资源区 2019 年指导价分别为 0.34 元 /（kW·h）、0.39 元 /（kW·h）、0.43 元 /（kW·h）和 0.52 元 /（kW·h）；2020 年分别为 0.29 元 /（kW·h）、0.34 元 /（kW·h）、0.38 元 /（kW·h）和 0.47 元 /（kW·h）。指导价低于当地燃煤机组标杆上网电价（含脱硫、脱硝、除尘电价）的地区，以燃煤机组标杆上网电价作为指导价。

2）新核准潮间带风电项目上网电价不得高于所在资源区陆上风电指导价。

3）新核准近海风电项目 2019 年指导价为 0.8 元 /（kW·h）；2020 年为 0.75 元 /（kW·h）。

二是补贴时限要求。

1）2018 年底前核准的陆上风电项目，2020 年底前未完成并网的，国家不再补贴；2019—2020 年核准的陆上风电项目，2021 年底前未完成并网的，国家不再补贴。2021 年 1 月 1 日开始，新核准的陆上风电项目全面实现平价上网，国家不再补贴。

2）2018 年底前核准的海上风电项目，在 2021 年底前全部机组完成并网的，执行核准时的上网电价；2022 年及以后全部机组完成并网的，执行并网年份的指导价。

3.关于建立健全可再生能源电力消纳保障机制的通知

5 月 10 日，国家发展改革委、国家能源局联合印发《关于建立健全可再生能源电力消纳保障机制的通知》（发改能源〔2019〕807 号），主要的政策目标为：促进可再生能源消纳，促使各类承担消纳责任的市场主体公平承担消纳可再生能源电力责任，建立可再生能源发展和消纳的长效机制。政策要点：

一是设定可再生能源电力消纳责任权重。

建立健全可再生能源电力消纳保障机制的核心是确定各省级区域的可再生能源电量在电力消费中的占比目标，即"可再生能源电力消纳责任权重"，促使各省级区域优先消纳可再生能源，加快解决弃水、弃风和弃光问题，同时促使各类市场主体公平承担消纳责任，形成可再生能源电力消费引领的长效发展机制。

二是明确消纳责任权重制定及执行方式。

1）责任权重的制定。国务院能源主管部门按省级行政区域确定消纳责任权重，包括总量消纳责任权重和非水电消纳责任权重。对以上两类权重，分别按年度设定最低消纳责任权重和激励性消纳责任权重。各省级能源主管部门会同经济运行管理部门在国家电网有限公司、南方电网公司所属省级电网企业和省属地方电网企业技术支持下，对国务院能源主管部门统一测算提出的消纳责任权重进行研究后，向国务院能源主管部门反馈意见。国务院能源主管部门结合各方面反馈意见，综合论证后于每年 3 月底前向各省级行政区域下达当年可再生能源电力消纳责任权重。

2）各方责任。各省级能源主管部门牵头承担落实责任，组织制定本省级区域的可再生能源电力消纳实施方案；售电企业和电力用户协同承担消纳责任；电网企业承担经营区消纳责任权重实施的组织责任。

3）完成方式。各市场主体通过实际消纳可再生能源电量、购买其他市场主体超额消纳量及自愿认购绿色电力证书等方式，完成消纳量。

4）考核评价。省级能源主管部门负责对市场主体进行考核，国家按省级行政区域监测评价。国家电网有限公司、南方电网公司对所属省级电网企业消纳责任权重组织实施和管理工作进行监测评价。

5）执行时间。2019年模拟运行，2020年起全面进行监测评价和正式考核。

4. 关于深化电力现货市场建设试点工作的意见

7月31日，国家发展改革委和国家能源局联合印发《关于深化电力现货市场建设试点工作的意见》的通知，主要的政策目标为：贯彻落实党的"十九大"精神，加快电力市场体系建设。政策要点：

一是进一步深化电力市场化改革，遵循市场规律和电力系统运行规律，建立中长期交易为主、现货交易为补充的电力市场，完善市场化电力电量平衡机制和价格形成机制，促进形成清洁低碳、安全高效的能源体系。

二是建立促进清洁能源消纳的现货交易机制。非水可再生能源相应优先发电量应覆盖保障利用小时数。各电力现货试点地区应设立明确时间表，选择清洁能源以报量报价方式或报量不报价方式参与电力现货市场，实现清洁能源优先消纳。市场建设初期，保障利用小时数以内的非水可再生能源可采用报量不报价方式参与电力现货市场。

三是电力现货市场申报和出清限价设置应以促进用户侧削峰填谷、消纳清洁能源和防范价格异常波动为基本原则，避免因上下限设置不合理而影响价格信号发挥作用。

四是有利于区域市场建设。电力现货试点应符合国家区域协调发展要求，服务京津冀协同发展、长三角一体化发展和粤港澳大湾区建设等重大战略，按照建设统一开放、竞争有序的市场体系要求，为未来市场间交易和市场融合创造条件，进一步促进清洁能源更大范围消纳。

3.1.2 建设与补贴方面

政策明确了电网企业在风光项目建设决策过程中的责任。项目建设需提前落实电力送出和消纳条件，优先推进平价上网项目建设；电网企业应确保平价和低价试点项目所发电量全额上网，如存在弃风、弃光情况，将限发电量核定为可转让的优先发电计划，在全国范围内参加发电权交易（转让）。根据政策要求，需要电网企业加强省内电力市场、区域电力市场和全国电力市场建设，以满足全国范围内的新能源发电权交易与消纳，开展各省区可再生能源消纳能力滚动研究及跨省区特高压输电工程建设规划研究，为新能源项目的全国优化布局、跨省跨区高效送出和系统安全运行提供支撑。

政策可能刺激地方新能源超常规发展。根据政策，地方政府能源主管部门可出台补贴政策，仅享受地方补贴的项目仍视为平价上网项目；在满足省区规划、监测预警和接网消纳等条件下，由地方政府组织建设平价和低价上网项目，不受年度建设规模限制。未来需要统筹考虑全国大范围的新能源优化开发、有序并网和经济高效发展，确保各地区的新能源利用率目标实现。

1. 关于积极推进风电、光伏发电无补贴平价上网有关工作的通知

2019 年 1 月 7 日，国家发展改革委、国家能源局联合印发《关于积极推进风电、光伏发电无补贴平价上网有关工作的通知》（发改能源〔2019〕19 号），这是 2019 年第一个关于平价上网方面的政策文件。主要的政策目标为：推进风电、光伏无补贴平价上网发展，提高市场竞争力。政策要点：

一是对满足条件的平价和低价上网项目不限年度建设规模。在符合本省（自治区、直辖市）可再生能源建设规划，国家风电、光伏发电年度监测预警有关管理要求，电网企业落实接网和消纳条件的前提下，由省级政府能源主管部门组织实施本地区平价上网项目和低价上网项目，有关项目不受年度建设规模限制。

二是仅享受地方补贴的项目仍视为平价上网项目。各级地方政府能源主管部门可会同其他相关部门出台一定时期内的补贴政策，仅享受地方补贴的项目仍视为平价上网项目。

三是保障优先发电和全额保障性收购。对风电、光伏发电平价上网项目和低价上网项目，电网企业应确保项目所发电量全额上网，并按照可再生能源监测评价体系要求监测项目弃风、弃光状况。如存在弃风、弃光情况，将限发电量核定为可转让的优先发电计划。经核定的优先发电计划可在全国范围内参加发电权交易（转让），交易价格由市场确定。

四是电网企业承担接网工程建设。省级电网企业承担风电、光伏发电平价上网项目和低价上网项目的接网方案和消纳条件论证工作，负责投资项目升压站之外的接网等全部配套电网工程，以及接网等配套电网建设与项目建设进度衔接，使项目建成后能够及时并网运行。

五是促进风光发电通过电力市场化交易无补贴发展。鼓励在国家组织实施的社会资本投资增量配电网、清洁能源消纳产业园区、局域网、新能源微电网和能源互联网等示范项目中建设无须国家补贴的风电、光伏发电项目，并以试点方式开展就近直接交易。鼓励用电负荷较大且持续稳定的工业企业、数据中心和配电网经营企业与风电、光伏发电企业开展中长期电力交易，实现有关风电、光伏发电项目无须国家补贴的市场化发展。

六是本地消纳的平价和低价上网项目享受长期固定电价合同。在本省级电网区域内消纳的无补贴风电、光伏发电平价和低价上网项目，由省级电网企业承担电量收购责任，按项目核准时国家规定的当地燃煤标杆上网电价签订长期固定电价购售电合同（不少于20年），不要求此类项目参与电力市场化交易（就近直接交易试点和分布式市场交易除外）。

七是结合跨省跨区输电通道建设，推进无补贴风光发电项目建设。利用跨省跨区输电通道外送消纳的无补贴风电、光伏发电项目，在送受端双方充分衔接落实消纳市场和电价并明确建设规模和时序后，由送受端省级能源主管部门具体组织实施。鼓励具备跨省跨区输电通道的送端地区优先配置无补贴风电、光伏发电项目，按受端地区燃煤标杆上网电价（或略低）扣除输电通道的输电价格确定送端的上网电价，受端地区有关政府部门和电网企业负责落实跨省跨区输送无补贴风电、光伏发电项目的电量消纳，在送受端电网企业协商一致的基础上，与风电、光伏发电企业签订长期固定电价购售电合同（不少于 20 年）。对无补贴风电、光伏发电项目要严格落实优先上网和全额保障性收购政策，不要求参与跨区电力市场化交易。

八是做好预警管理衔接。风电、光伏发电监测预警（评价）为红色的地区，除已安排建设的平价上网示范项目及通过跨省跨区输电通道外送消纳的无补贴风电、光伏发电项目外，原则上不安排新的本地消纳的平价上网项目和低价上网项目；鼓励橙色地区选取资源条件较好的已核准（备案）项目开展平价上网和低价上网工作；绿色地区在落实消纳条件的基础上自行开展平价上网项目和低价上网项目建设。

2. 关于公布 2019 年第一批风电、光伏发电平价上网项目的通知

2019 年 5 月 20 日，国家发展改革委办公厅、国家能源局综合司联合发布《关于公布 2019 年第一批风电、光伏发电平价上网项目的通知》（发改办能源〔2019〕594 号），对 16 个省（自治区、直辖市）能源主管部门向国家能源局报送的 2019 年第一批风电、光伏发电平价上网项目名单予以公布。政策要点：

一是 2019 年第一批平价上网项目总规模 2076 万 kW，其中风电 451 万 kW、光伏 1478 万 kW 以及分布式发电市场化交易项目 147 万 kW。

二是电网企业按项目核准时国家规定的当地燃煤标杆上网电价与风电、光伏发电项目单位签订长期固定电价购售电合同（不少于 20 年）。

三是分布式发电市场化交易项目在发布的交易规模限额范围内，根据就近消纳能力组织推进。

1）特别标注的项目（申报规模小于 5 万 kW 的项目），按照

2020 年底前交易总量不超过 5 万 kW，根据就近消纳能力推进落实。

2）其他项目按照发布规模落实消纳能力并组织实施。

3）在条件成熟后，存量项目可在放弃国家补贴前提下，自愿参与交易。

3. 关于 2019 年风电、光伏发电项目建设有关事项的通知

2019 年 5 月 28 日，国家能源局发布《关于 2019 年风电、光伏发电项目建设有关事项的通知》（国能发新能〔2019〕49 号），主要政策目标为：促进风电、光伏发电技术进步和成本降低，实现高质量发展。政策要点：

一是总体要求。

1）积极推进平价上网项目建设，在组织开展工作的时间顺序上，先开展一批平价上网项目建设，再开展需国家补贴项目的竞争配置工作。

2）严格规范补贴项目竞争配置，需要国家补贴的项目均必须经过严格规范的竞争配置方式选择，而且上网电价是重要竞争条件，优先建设补贴强度低、退坡力度大的项目。

3）全面落实电力送出和消纳条件，新增建设项目必须以电网具备消纳能力为前提，避免出现新的弃风、弃光问题，在同等条件下对平价上网项目优先保障电力送出和消纳。

4）优化投资建设营商环境，要求省级能源主管部门对申请项目的土地使用等非技术成本降低的落实情况进行核实，并要求派出能源监管机构加强对有关事项的监督。

二是风电项目建设方案要点。

1）按规划和消纳能力组织项目建设。各省区 2019 年需补贴项目规模上限为：2020 年规划并网目标减去已并网和已核准项目总规模（不含分散式风电、海上风电、平价上网项目、示范项目和基地项目）。

2）新建项目均需通过竞争性配置组织。

3）落实项目电力送出和消纳条件。存量项目在确保弃风持续改善的前提下并网，新增项目均以落实电力送出和达到保障利用小时数（或弃风率不超过 5%）为前提条件。

4）省级能源主管部门要对已核准项目（包括陆上和海上风电项目）进行梳理，分类指导建设。

三是光伏项目建设方案要点。

1）光伏项目分为五类管理，分别为光伏扶贫、户用光伏、普通光伏电站、工商业分布式光伏和专项工程或示范项目。

2）光伏扶贫、户用光伏项目（2019 年纳入补贴规模 350 万 kW）单独管理，其他类项目均通过竞争性配置方式组织。

3）需国家补贴的普通光伏电站和工商业分布式光伏项目，先以省内竞争性配置方式确定项目业主（在自有产权建筑物或场地自建光伏发电项目、经地方政府确认的工商业屋顶光伏和企业已开展前期工作的项目可不进行项目业主竞争配置）和预期上网电价，再参加全国统一竞价排序。

4）在 2020 年 6 月 30 日前仍未建成并网的，取消补贴资格。

4. 可再生能源电价附加补助资金预算（中央企业）的通知

2019 年 5 月 24 日，财政部下达关于可再生能源电价附加补助资金预算（中央企业）的通知（财建〔2019〕275 号）。政策要点：

一是调整补贴拨付顺序。优先保障光伏扶贫、自然人分布式光伏及公共可再生能源独立电力系统等涉及民生的项目，其他发电项目按补贴需求等比例拨付。

二是明确补贴方式。按照上网电价（含通过招标等竞争方式确定的上网电价）给予补贴的可再生能源发电项目，补贴标准＝（电网企业收购电价－燃煤标杆上网电价）／（1＋适用增值税税率）；按照定额补贴的可再生能源发电项目，补贴标准＝定额补贴标准／（1＋适用增值税税率）。

三是 2019 年可再生能源附加补助资金预算为 81.1 亿元，其中风电项目补贴 42.4 亿元，光伏发电项目补助 30.8 亿元。

3.2 国外新能源发电政策及消纳举措

3.2.1 德国

德国是可再生能源发展的积极倡导者和实践者，德国将大力发展可再生能源作为其能源转型政策的核心内容。

（1）装机发展

德国是欧洲可再生能源发电装机规模最大的国家，近年来可再生能源发展以风电为主。截至 2019 年底，德国风电装机容量达到 6082 万 kW（仅次于中国和美国），太阳能发电装机 4896 万 kW（仅次于中国、美国和日本），风光发电装机占总装机的 52.1%。2019 年，德国可再生能源发电量占总发电量的比重达到 46.0%[⊖]（比 1998 年提升了 41 个百分点），其中风电发电

⊖ 数据来自https://www.ise.fraunhofer.de/en/press-media/news/2019/Public-net-electricity-generation-in-germany- 2019.html。

量达到 1270 亿 kW·h（陆上风电 1026 亿 kW·h、海上风电 244 亿 kW·h），占总发电量的 24.6%，成为仅次于煤电（褐煤加硬煤）的第二大发电类型。德国可再生能源装机增长情况如图 3-1 所示，德国公网的发电量结构变化情况如图 3-2 所示。

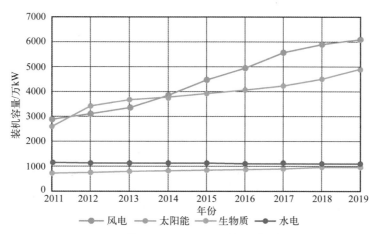

图3-1 德国可再生能源装机增长情况

图3-2 2011—2019年德国公网的发电量结构变化情况

（2）政策与展望

根据 EEG2017《可再生能源法》，德国可再生能源发展目标为：可再生能源发电量占总用电量的比重在 2025 年达到 40% ~ 45%，2035 年达到 55% ~ 60%，2050 年达到 80% 以上，海上风电装机到 2030 年达到 1500 万 kW。

在 2011 年德国政府宣布将于 2022 年关闭所有核电站之后，2019 年 1 月德国政府再次宣布关闭燃煤电厂的时间表，并将于 2038 年投资 447 亿欧元最终全面关停燃煤电厂，且分阶段实施：将当前 4260 万 kW 煤电装机于 2022 年降到 3000 万 kW；2030 年降到 1700 万 kW。

德国政府于 2019 年 10 月通过 2030 年气候保护一揽子计划，包括首部框架性气候法《气候行动法》和《气候行动计划 2030》（2019 年 12 月 18 日实施）。在《气候行动计划 2030》中再次明确了煤电退出时间以及可再生能源发展目标：2030 年，煤电装机下降到 1700 万 kW，可再生能源发电量占总用电量的比重达到 65%，可再生能源装机总量达到 2 亿 kW，其中陆上风电装机达到 6700 ~ 7100 万 kW，海上风电装机达到 2000 万 kW，取消政府资助光伏规模上限（5200 万 kW），光伏装机将达到 9800 万 kW，未来年均增长 450 万 kW[⊖]。欧洲各国的煤电退出计划如图 3-3 所示。

（3）促进新能源消纳的措施与经验

发展分布式电源。德国光伏发展以小容量、接入低压系统的分布式屋顶太阳能系统为主。根据 2017 年数据，10kW 以下容量的分布式光伏占比 15%，10 ~ 100kW 容量的分布式光伏占比 37%，100 ~ 500kW 容量的分布式光伏占比 14%，大于 500kW 容量的分布式光伏占比为 34%。根据 2016 年数据，德国分布式光伏大多属于居民、农民和商业业主，四大电力公司（EnBW、Eon、RWE 和 Vattenfall）仅占 0.2%。大量分布式光伏系统分散接入，使得系统更容易接纳光伏发电。

⊖ 数据来自 Harry Wirth. Recent Facts about Photovoltaics in Germany, Fraunhofer ISE, https://www.cleanenergywire.org/factsheets/germanys-climate-action-programme-2030。

图3-3 欧洲各国的煤电退出计划[⊖]

给配电运营商（DSOs）赋权[⊜]。德国 98% 的光伏系统接入低压网络。随着大量分布式光伏的接入，部分地区会出现光伏发电大于当地负荷需求，造成系统电压升高进而威胁到电网稳定的问题。配电运营商有义务加强配电网建设以适应大规模光伏并网，但也有权力在关键时刻切除部分分布式光伏系统，以防止系统崩溃和设施损坏。

优先接网与优先调度。德国法律要求电网运营商以最短直线距离将可再生能源装机接入适当电压等级电网系统，可再生能源发电企业只承担从发电厂到接网点的直连线路及相关成本。电网运营商承担电网优化、补强和扩容成本，且电网运营商有义务优先采购和运输可再生能源电力。

加强输电网络建设。德国风力发电主要位于北部地区，而要关停的核电以及大量太阳能发电位于南部地区，主要负荷中心位于南

⊖　数据来自https://www.genscape.com/blog/first-phase-2030-grid-extension-plan-germany。

⊜　数据来自https://energypost.eu/the-rapid-growth-of-solar-integration-into-grids-learn-from-germany/。

部和西部地区的大都市和工业区。由于电网发展落后于可再生能源发展，德国北－南输电通道经常出现电力传输瓶颈。为保障电网安全运行，每年需要投入数十亿欧元进行潮流控制／重新分配，即输电运营商（TSOs）可以干预基于市场机制形成的发电厂运行计划，改变潮流，预防电网线路的电力拥堵。

2019 年 4 月，德国输电运营商 50Hertz、Amprion、TenneT 和 TransnetBW 提交了德国电网发展计划 2030 年的初稿和修改稿，在征求公众意见后提交德国联邦网路管理局 (Federal Network Agency，FNA) 批准。主要内容包括：增加大量投资以扩展德国电网容量，加强 7600 ～ 8500km 的既有电缆线路，建设 3800km 新线路；增加 330km 的跨国联络线（比利时、丹麦、挪威和瑞典），总容量 800 万 kW，2030 年建成 2800km 的海上风电线路，容量 740 万 kW，到 2035 年拓展到 3700km，容量达到 1140 万 kW。

建立透明活跃的日间交易市场。根据德国《可再生能源法》的规定，风能、太阳能、波浪能以及水能等可再生能源都享有优先调度权。可再生能源按照发电成本参与优先排序，风电和光电的成本最低。德国 2006 年启动日间电力市场交易，而且随着可再生能源电力的不断增长，交易量也持续增长。2011 年，日间市场从每小时交易一次改为每 15min 交易一次，自此，日间电力市场交易量已经增长了近一倍。

构建跨区跨国平衡市场。为了尽量减少动用平衡资源，自 2010 年，德国的四大输电运营商在电网控制合作（Grid Control Co-operation，GCC）机制下联合工作，形成共同平衡市场。自 2011 年起，来自奥地利、比利时、捷克共和国、丹麦、法国、德国、荷兰和瑞士的输电运营商构建了国际电网控制合作组织 (International Grid Control Cooperation, IGCC)。共同平衡市场的建立，为德国节省了资金，促进了可再生能源发电并网。此后，尽管可再生能源发电迅速增长，采购平衡资源的成本依然下降了一半。IGCC 被欧洲输电商联盟（ENTSO-E）选作应对未来发展的欧盟平台。

加强跨国联网。德国电网与周边邻国电网互联容量超过 2000 万 kW，如图 3-4 所示。2018 年净输出电量 487 亿 kW·h，占总发电量的 7.6%。与周边国家电网互联是跨国平衡市场构建的基础，有力地促进了德国可再生能源的并网消纳。

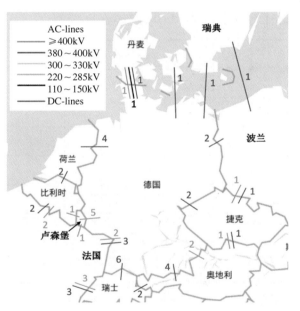

图3-4　德国与周边主要国家的电力互联情况[⊖]

3.2.2　美国

2017 年 7 月，美国总统特朗普宣布美国退出《巴黎协定》，2019 年 11 月美国政府正式启动退出《巴黎协定》程序，但近年来

⊖　数据来自http://www.paulsoninstitute.org/wp-content/uploads/2016/07/Championing-Renewable-Energy-CN.pdf。entso-e, STATISTICAL FACTSHEET 2018, 2019.6。

美国可再生能源装机快速增长，形成了风光协同发展的局面。

（1）装机发展

2019 年，美国风电并网装机容量约 1.04 亿 kW，太阳能发电并网容量约 6200 万 kW，风光发电装机约占总装机的 13.5%，风光发电量约占总发电量的 9.1%，其中 2019 年 4 月可再生能源发电量首次超过煤电，提供了 23% 的发电量。根据美国能源信息署（EIA）发布的数据，全美新增投产的发电机组中，风电装机约占 44%，其次为太阳能和天然气，分别为 32% 和 22%。风电装机在美国能源结构中的占比快速提升。美国可再生能源装机增长情况如图 3-5 所示，美国发电量结构变化情况如图 3-6 所示。

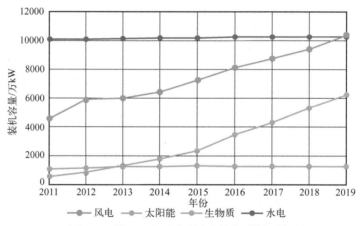

图3-5 美国可再生能源装机增长情况

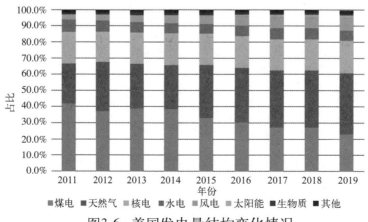

图3-6 美国发电量结构变化情况

（2）政策与展望

美国从联邦和州两个层面推动可再生能源发展。美国最重要的可再生能源扶持政策是联邦层面的投资税优惠（Investment Tax Credit, ITC）、生产税优惠（Production Tax Credit, PTC）、改进的投资回收方法（MACRS）和收益抵扣等。PTC 政策对刺激可再生能源发展具有重要作用，特别是风电，在 PTC 的各次延长期限中，对太阳能发电是否纳入延长类型范围多次变化，最终还是纳入了光伏发电。ITC 是美国支持太阳能发展的最重要的联邦政策，也被称为联邦太阳能投资税费抵扣。2015 年延期的 PTC 和 ITC 带来了到 2020 年这段时间近 5000 万 kW 的可再生能源发电装机增长。

美国政府没有设立明确的可再生能源发展目标。美国各州积极制定可再生能源配额（RPS）及提出可再生能源自主发展目标。爱荷华州是美国第一个设立可再生能源配额的州，目前美国有 30 个州、华盛顿特区等 3 个区设置了可再生能源配额，7 个州和 1 个区设立了可再生能源发展目标，具体见表 3-2。大多数州的目标在 10% ～ 45% 之间。美国有 15 个州以及华盛顿特区和波多黎各已制定官方目标，将清洁能源发电占比提高至 50% 甚至更高，美国加州提出到 2045 年 100% 可再生能源和零碳能源电力发展目标。美国已有 155 个城市承诺实现 100% 可再生能源发电。根据美国能源信息署（EIA）的研究，预计 2050 年可再生能源发电量中，太阳能发电占比达到 46%，风电占比 33%，太阳能发展潜力大于风电。美国支持可再生能源发展的主要税费政策见表 3-3。

（3）促进新能源消纳的措施与经验

建设可再生能源专属的远距离输电线路。为满足西部地区可再

表3-2 美国各州和区设立可再生能源配额及自愿规模目标情况[一]

类型	设立了 可再生能源配额	设立了自愿的可再生能源 发展目标	没有设立 配额和发展目标
州和区的数量	33	8	11

表3-3 美国支持可再生能源发展的主要税费政策

政策名称	描述	激励内容	最后期限
生产税优惠 （PTC）	最早于1992年发布，针对风电和闭循环生物质系统，是一种考虑通胀调节的每千瓦时税费优惠政策。1999年以来共延长了11次。 2004年的美国创造就业机会法案将太阳能发电等其他可再生能源类型也加入到了许可范围中	2018年1月1日前开工建设的风光（适用2017—2019阶段退出率之前项目）、地热和循环生物质系统项目，未申请ICT，0.024美元/(kW·h)；其他0.012美元/(kW·h)。激励期为项目运行的前十年。 风电建设年份： 2017年，PTC减少20% 2018年，PTC减少40% 2019年，PTC减少60%	风电：2019.12.31 其他：2017.12.31
投资税优惠 （ITC）	2006年施行，允许抵扣投资的26%；美国国会2015年批准了一个多年的延长期限	2016—2019年，30% 2020年，26% 2021年，22% 2022年及之后，商业和大规模，10%，居民光伏0	居民光伏：2021
改进的加速成本回收方法 （MACRS）	1986年1月发布，主要减少项目投产初期的税费，有利于提高项目的净现值（NPV）	可再生能源发电适用5年加速折旧	无结束期
收益抵扣	收益抵减条款最早由小布什总统于2002年写入法律，允许纳税人抵扣收益的30%，剩余的70%可继续采用MACRS规则抵扣；在布什总统签署的2008经济刺激法案和奥巴马总统签署的2009再投资法案中，比例设置为50%	2008年实施第一年收益的50%抵减政策，之后多次延长有效期 2017减税和工作法案将红利折旧提升到100%	2017.9.27 — 2023.1.1

[一] 数据来自https://www.ncsl.org/research/energy/renewable-portfolio-standards.aspx。

生能源的大规模并网、输送和消纳利用需求，德州公用事业委员会（PUCT）设立竞争性可再生能源区（CREZ），2009 年 CREZ 区域启动新建可再生能源专属输电线路——连接西北和北部风电基地与大型城市的 3588mile（1mile＝1609.344m）、18500MW 的输电基础设施。随着这些新建输电线路的投产，德州的弃风率从 2009 年的 17% 降至 2014 年的 0.5% 以下。与此类似，中部独立系统运营商（MISO）于 2011 年批准了 17 个工程的一揽子方案，支持建设输电基础设施，将远方的风电基地电力输送到负荷中心。

建设日间电力市场。德州 2000 年推出日间电力市场，将电力市场交易间隔缩短至 5min，使电网能够对可再生能源电力输出的快速变化做出有效响应，更符合风力和太阳能发电的瞬变性特点，降低了可再生能源电力并网成本。

构建跨区电力平衡市场。加利福尼亚独立系统运营商（CAISO）自 2014 年运营电力不平衡市场（EIM）以来，通过将互相独立的各州（覆盖了华盛顿州、加利福尼亚州等 8 个州市，并向加拿大拓展）电力市场连接起来，使各个区域电网能够共用调峰资源、平衡可再生能源电源整体的波动性，从而帮助电网更好地接纳可再生能源、减少弃电。2019 年 6 月，西南电力公司（SPP）宣布将建设西部电力不平衡服务市场，以服务区域供需间的实时平衡。

3.2.3 日本

2018 年 7 月，日本发布《第五次能源基本计划》，再次提升可再生能源的地位，将其定位为主要电源，并采取积极措施努力降低成本，解决电网约束等方面的问题。

（1）装机发展

由于国土面积及近海水域使用等方面的约束，日本可再生能源发展以太阳能为主。截至 2019 年底，日本太阳能发电装机达到 6184 万 kW，风电装机为 379 万 kW（海上风电约为 6.5 万 kW），如图 3-7 所示。2019 年，日本可再生能源发电量占总发电量的比重为 17.1%[⊖]，其中太阳能发电量占 7.2%、风电发电量占 0.9%，如图 3-8 所示。2016 年以来日本可再生能源发电占比情况如图 3-9 所示。

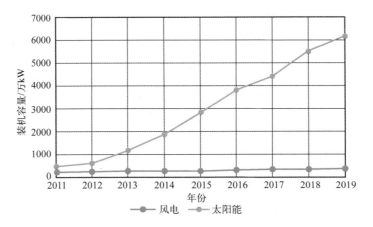

图3-7　2011年以来日本风光发电装机增长情况

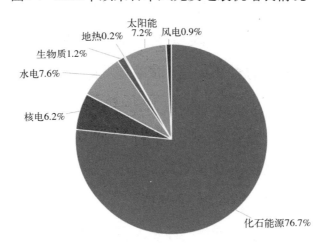

图3-8　2019年日本发电量构成情况

⊖　数据来源：日本环境政策研究所、日本可再生能源研究所。

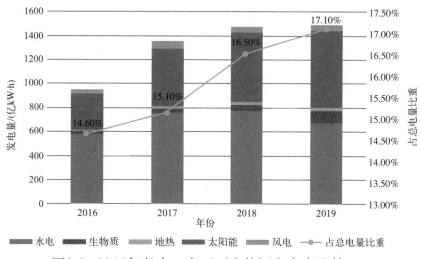

图3-9 2016年以来日本可再生能源发电占比情况

（2）政策与展望

为促进太阳能发电普及和太阳能发电制造业发展，日本政府于2009年11月启动了太阳能发电富裕电量收购制度，即对容量小于500kW的太阳能发电项目提供为期10年的电量购买保障，以高于之前的太阳能发电价格，收购日本居民屋顶光伏发电量满足自家消费需求后的富裕电量。在2011年前，日本侧重于积极发展核电来解决能源安全问题，风光发电由于成本高、存在波动性和电网接纳意愿等多方面原因，总量依然较小。2011年之后，日本为解决能源自给率大幅下降问题，开始积极发展可再生能源。2011年8月，日本政府通过《电力企业收购可再生能源电力的专门措施法案》，要求电力企业全额收购可再生能源发电量，包括容量小于3万kW的水电站。2012年7月1日开始实施固定电价收购政策（Feed－In Tariff，FIT）。FIT政策有效地刺激了日本可再生能源投资与装机增长，自FIT政策启动到2018年底，日本可再生能源装机增长了4600万kW，其中居民光伏增长了583万kW，非居民光伏增长了3722万kW，风电增长了111万kW。在FIT政策下，电力公司被允许通过征收附加费的方式将购买可再生能源发电量的高成本转嫁给电力用户。为了降低太阳能发电的收购价格，2017 年开始对 2MW 及以上容量的太阳能发电启动竞价制度。通过竞价，中标价从 2017 年 11 月的 17.2 ～ 21.0 日元 /（kW·h）下降到 2019 年 9 月的 10.5 ～ 13.99 日元 /（kW·h）。2019 财年（2019 年 4 月 ～ 2020 年 3 月）的附加费水平为 2.95 日元 /（kW·h）（日本全国为 2.4287 万亿日元）。FIT 政策包含了对大工业用户和符合一定条件用户降低可再生能源附加费的条款。FIT 政策的实施，促进了可再生能源发展，也暴露出一些问题：可再生能源附加费不断增长、电网消纳可再生能源的难度不断加大。日本政府决定在 2020 财年末对 FIT 政策进行彻底改革，以促进可再生能源以经济可持续方式成为电源结构中的核心组成部分。2019 财年的 FIT 收购价格和期限见表 3-4。

2015 年 7 月，日本经济产业省发布《中长期能源供需展望报告》，提出 2030 年发电结构目标为：通过节能降低 17% 的总发电量，可再生能源占考虑节能后的总发电量的 22% ～ 24%。2018 年 7 月，日本政府公布了《第 5 次能源基本计划》，提出将可再生能源作为"主力电源"，2030 年的可再生能源发展目标仍维持在 22% ～ 24%，将利用闲置土地、工厂、学校和住宅屋顶发展太阳能光伏，扩大海上风力发电。日本可再生能源发电量占比变化及未来目标如图 3-10 所示。

（3）促进新能源消纳的措施与经验

推进电力改革，加强电力市场建设。为解决发展中存在的问题，日本于 2013 年 4 月启动电力改革，加强跨区电力供需联合规划、加强电力市场建设及拆分垂直一体化电力公司。改革进程分为三个阶段：第一阶段，2015 年建立输电运营商跨区协调组织（Organization

表3-4　FIT模式下的风光发电购买类型、期限和价格

购买类型			电价 / [日元 / (kW·h)]				期限 / 年
			2017 财年	2018 财年	2019 财年	2020 财年	
太阳能发电	小于 10kW	无须出力控制器	28	26	24	—	10
		安装出力控制器	30	28	26		
		无须出力控制器，联合发电系统	25		24		
		安装出力控制器，联合发电系统	27		26		
	10 ~ 500kW		21	18	14	—	20
	500 ~ 2000kW		21	18	竞价		20
	2000kW 及以上		竞价				20
陆上风电	20kW 及以上	新安装的容量	21	20	19	18	20
	低于 20kW		55	20	19	18	
	所有容量	替代容量	18	17	16	16	
海上风电	固定式海上风电		36	36	36	—	
	漂浮式海上风电		36	36	36	—	

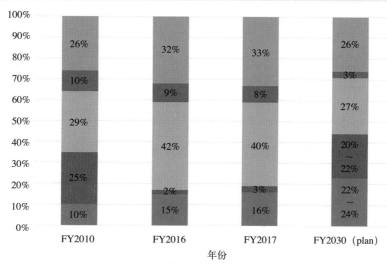

图3-10　日本可再生能源发电量占比变化及未来目标⊖

⊖　数据来源：《Greenpeace Japan briefing paper》，2018.6；
日本经济产业省/自然资源与能源局，《Japan's energy 2019》。

for Cross-regional Coordination of Transmission Operators,OCCTO）；第二阶段，2016年建立完全自由的电力市场，放开零售和发电；第三阶段，到2020年正式拆分垂直一体化公司的输配电业务，消除管制的零售价格。

可再生能源发电出力控制管理。在FIT政策的激励下，光伏发电装机快速增长。在一些地区，光伏装机容量已超过当地电网可接纳能力。如九州电力公司经营区可接纳能力为820万kW，而2018年8月的并网容量已达810万kW。虽然已采取了限制火电出力、利用跨区联络线及利用抽水蓄能电站等措施，2018年10月后，尤其是在春秋季电力负荷较低的节假日期间，虽然采取限制火电出力、利用跨区联络线、利用抽水蓄能电站等措施，但还需要对风光发电商进行出力控制，以确保系统安全稳定运行。

成立OCCTO，促进跨区电力合作。日本有十大区域电网，每个区域电网由一家区域电力公司运营和控制，各区域电网间有小规模的跨区电力供需合作。各区域电力公司在其经营区内相对独立的运营并利用其拥有的发电资源来平衡电网中的负荷波动。2019年，在运的跨区联络线主要是交流输电线路，具体如图3-11所示。风光发电出力由于地理和气候等因素影响而大幅变化。日本各区域电力系统相对独立运行阻碍了全国范围的供需互济，使得有些地方出现了可再生能源发电装机过剩。2015年成立OCCTO，主要职责是作为控制中心，管理跨区域的电力供应和需求发展规划，促进跨区域电力互济，确保电力供应安全。OCCTO负责制定长期政策、指导发展和升级日本全国范围内的跨区电力联网系统。OCCTO要求利用跨区联络线来拓展各不同输电和配电公司的服务范围，改变跨区联

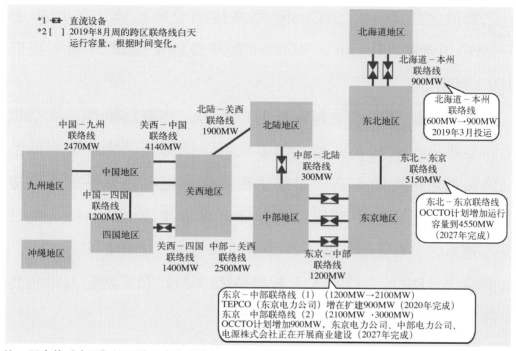

注：图中的"中国"地区是日本本州岛最西部地区的全称，包含鸟取县、岛根县、冈山县、广岛县和山口县 5 个县。

图3-11 截至2019年8月的日本区域电网互联情况

络线被发电企业先到先占用的旧规则，取而代之的是跨区联络线根据现货电力市场合同分配，以满足下一日的传输需求，使新的市场参与者能够使用跨区联络线并培养公平竞争的环境。为了充分利用已有跨区联络线路，OCCTO 对英国使用的"连接与管理"模型进行调整以适应日本国情，主要有三大机制：首先，基于实际运行情况来计算可用容量，而不是所有电源的额定容量，2018 财年采用这种方法；其次，"$N-1$ 内部消纳计划"，即系统发生 $N-1$ 故障时，立即限制出力以确保输电容量稳定，已于 2018 年 10 月采用；第三，"无固定接入"，即在电源输出被限制，而其他电源正常运行情况下，允许新的接入使用跨区联络线。

加强跨区联络线能力。近年来大规模分布式可再生能源并网给输电设施优化布局带来挑战。OCCTO 正在制定增强跨区联络线的规划。已经确定将 Tokyo － Chubu 联络线的变频器容量在 2020 财年提升到 90 万 kW，Tokyo － Tohoku 联络线容量在 2027 财年提升到 460 万 kW 等。

利用数字信息技术挖掘系统调节能力。具有间歇性、波动性的风电和光伏发电大规模并网，需要电网灵活运行和充分的灵活性资源以确保稳定的电力供应。目前主要依靠火电和抽水蓄能电站提供灵活调节能力。未来，利用电池存储可再生能源电力将成为提升系统灵活能力的重要选择；基于物联网技术（IoT）的虚拟电厂（VPP）、需求侧响应（DR），以及人工智能技术（AI）和区块链技术也具有探索前景。

3.3　小结

考虑到风光成本快速下降以及巨大的财政补贴缺口、利用率考核等，为激励新能源有序发展，新出台政策对上网电价及发展方式进行了重大调整：以指导电价代替标杆电价，以市场竞争方式推进平价上网，积极发展平价和低价上网项目；设置可再生能源电力消纳责任权重，优化布局与有序发展；电网消纳能力成为风光项目建设的重要先决条件，进一步强调源网协调。

德国、美国和日本都积极发展风光新能源发电，并制定了促进新能源发电的相关政策和未来目标，其共性举措和经验主要为：加强电网建设与跨区联网；跨区联合统一调度；建设活跃的电力交易市场；挖掘系统调节能力；合理确定利用率，扩大新能源发展规模保障系统安全等。

第4章

新能源发电并网展望

4.1　我国能源转型发展

近十年来，我国加快了能源结构调整进程，加快从规模扩张向质量提升的转变，非化石能源占比持续提高，风光发电装机成为继煤电、水电之后的第三和第四大电源。要实现《能源生产和消费革命战略（2016—2030）》中提到的"到 2030 年，非化石能源发电量占全部发电量的比重力争达到 50%，2050 年，非化石能源占比超过一半"的发展目标，未来新能源发电装机还存在巨大发展空间。未来在并网规模、开发布局、消纳利用和技术成本等方面还面临一系列挑战，需要从政府主管部门到电网企业、发电企业以及消费者等各方协调配合、共同推进。

4.1.1　能源生产与消费现状

能源对外依存度持续提高。2000—2019 年，我国一次能源生产总量从 13.9 亿 t 标准煤增长到 39.7 亿 t 标准煤，年均增长率达到 5.7%，远超 2% 的世界年均增速。2005 年，我国超越美国成为世界第一大能源生产国，2017 年产量约占全球总产量的 17.5%。在我国能源产量不断增长的同时，能源对外依存度也持续提升。1993 年我国首次成为能源净进口国，2019 年我国石油对外依存度达到 70.8%，天然气对外依存度[○]达到 43%，煤炭对外依存度达到 7.2%。

能源生产结构逐步向清洁化转变。受"多煤缺油少气"的能源资源禀赋决定，煤炭始终是我国的主导能源。2000 年以来，在我国政府积极的清洁能源发展政策推动下，我国能源结构逐步向清洁化转变，

○　数据来自http://obor.nea.gov.cn/detail/12316.html

天然气、一次电力及其他清洁能源占比持续提高，煤炭占比持续下降。2000—2018 年，天然气产量占能源生产总量的比重从 2.6% 升至 5.5%；水电、核电和风光发电等一次电力占比从 7.7% 升至 18.0%，煤炭占比从 72.9% 降至 69.3%[⊖]，如图 4-1 所示。

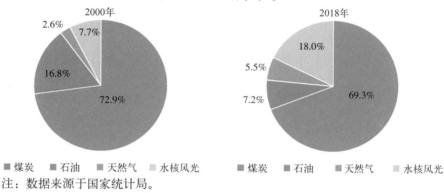

注：数据来源于国家统计局。

图4-1　2000年与2018年我国能源生产结构

能源消费总量持续快速增长。21 世纪以来，随着我国经济的飞速发展，我国能源消费总量也快速增长。2000—2019 年，我国一次能源消费总量从 14.7 亿 t 标准煤增至 48.6 亿 t 标准煤，年均增长率达到 6.5%。我国于 2009 年超过美国成为全球第一大能源消费国。2018 年[⊖]，我国一次能源消费量占全球总消费量的 23.6%，超过第二、三名的占比（美国 16.6%，印度 5.8%）之和，如图 4-2 所示。

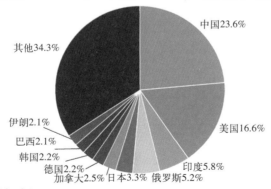

注：数据来源于 BP 世界能源统计年鉴。

图4-2　2018年分国别一次能源消费量份额

⊖　国家统计局目前仍未公布2019年生产结构数据，所以暂取2018年数据。

⊖　BP（英国石油公司）目前最新的全球能源统计数据为2018年。

能源消费结构不断优化。随着政府对清洁能源支持力度不断加大，天然气和非化石能源（含核电以及水、风、光等可再生能源）消费量占一次能源消费总量的比例持续上升。2000—2019年，清洁能源消费占比从9.5%提高到23.4%，石油比重从22.0%降至18.9%，煤炭比重从68.5%下降至57.7%。虽然我国一次能源消费结构有所改善，但与全球平均水平以及大部分发达国家相比，我国煤炭消费占比仍然过高，2018年 我国煤炭消费占比分别是全球平均水平、美国、德国和日本的2.2倍、4.3倍、2.9倍和2.3倍，具体如图4-3所示。

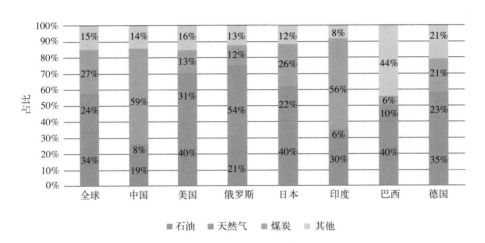

图4-3 2018年我国一次能源消费结构与全球主要国家对比图

4.1.2 能源电力中长期发展展望

"十九大"报告指出"要推进能源生产和消费革命，构建清洁低碳、安全高效的能源体系"，明确了新时代我国能源发展的方向。按照国家《能源生产和消费革命战略（2016—2030）》，2030

⊖ BP目前最新的全球能源统计数据为2018年，因此用各国2018年数据进行对比。

年，我国非化石能源占一次能源消费总量比重达到 20%（2015 年为 11.4%），非化石能源发电量比重力争达到 50%，CO_2 排放达到峰值。2050 年，非化石能源占一次能源消费比重超过 50%，如图 4-4 所示。未来我国能源电力将在规模、结构和布局等方面发生重大变化。

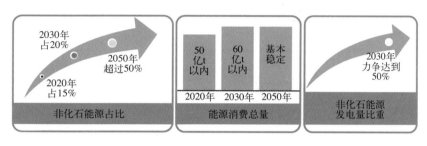

图4-4　《能源生产和消费革命战略（2016—2030）》

（1）电力需求增速明显高于一次能源需求增速

随着我国经济结构调整，未来能源需求增速将逐步放缓，2025 年之后进入增长饱和阶段，总量稳定在 55 ～ 60 亿 t 标准煤。考虑到终端用能电气化加快发展等因素，我国电力需求未来仍存在较大增长空间，预计 2035 年和 2050 年分别达到 11.4 ～ 12.4 万亿 kW·h 和 12.3 ～ 13.9 万亿 kW·h，其增速将在相当长时期内高于能源消费增速。分阶段电力需求及其增速见表 4-1。

表4-1　分阶段电力需求及其增速

水平年 / 年	全社会用电量 /（万亿 kW·h）	时间段 / 年	年均增速（%）
2000	1.3	1978—2000	8.0
2015	5.7	2000—2015	10.1
2020	7.5	2015—2020	5.6
2035	12.4	2020—2035	3.1
2050	13.9	2035—2050	0.7

（2）非化石能源占比持续提高，并将成为主导能源

未来我国一次能源结构持续朝着清洁低碳方向升级，非化石能

源占一次能源消费比重将不断上升。预计 2035 年和 2050 年，我国一次能源消费总量分别为 58 亿 t 和 60 亿 t 标准煤，非化石能源消费量分别为 18 亿 t 和 31 亿 t 标准煤，占一次能源消费总量的比重将分别超过 30% 和 50%，非化石能源占比将在 2035—2040 年超过煤炭，如图 4-5 和图 4-6 所示。

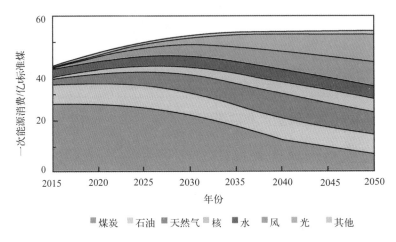

图4-5 一次能源消费需求展望（2017—2050年）

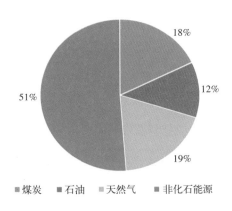

图4-6 2050年一次能源消费需求结构

（3）新能源发电将成为主力电源

预计 2035 年，风光发电装机占比由 2019 年的 20.6% 提高至 38%，发电量占比由 8.6% 提高至 22%；2050 年，风光发电装机占比达到 55%，发电量占比达到 39%。具体如图 4-7 所示。

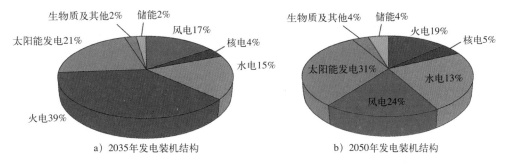

图4-7 我国2035年和2050年发电装机结构

（4）电力在能源转型中的地位凸显，能源生产消费电气化是大势所趋

在能源生产环节，更多的可再生能源资源将转化成电能使用。风能、太阳能等非化石能源基本都用于发电，煤炭的主要利用方式也是发电。在终端能源消费环节，电能将对化石能源实现深度替代。电能占终端能源消费的比重持续提升，2030年提高至35%左右，2050年增至50%左右。

4.2 新能源发电发展形势与展望

4.2.1 2020—2021年新能源发电消纳形势

（1）新冠疫情给2020—2021年新能源投产规模带来一定影响

受补贴退坡政策影响，2018年以来核准的陆上风电项目在2020年底、2019—2020年核准项目在2021年底将会出现抢装并网潮，海上风电在2021年底出现抢装并网潮。根据项目并网需求调研结果，近两年国家电网有限公司经营区域最大并网需求和并网预期规模仍然很大。受到2020年初新冠肺炎疫情影响，新能源发电开发建设复工大面积推迟，2020年新能源发电新增装机规模可能难达预期。

（2）用电量增速放缓、需多措并举促进新能源消纳

在多种因素的共同作用下，未来两年我国还将新增上亿千瓦的新能源并网装机容量。而受新冠肺炎疫情影响，初步预测 2020 年全国全社会用电量增速为 2% 左右，保持低位，各省区新增消纳空间有限。目前火电企业效益普遍较差，加之实施火电机组灵活性改造投入较大，灵活性改造动力不足，且规划目标完成率较低。综合来看，要实现全国平均 95% 的新能源利用率目标，未来需要积极采取加大火电灵活性改造、促进储能发展、发掘需求侧响应能力及强化全网统一调度等多方面措施。

（3）部分省份新能源消纳形势依然严峻，需加以有序引导

根据新能源消纳能力初步测算结果，2021 年全国新能源利用率整体可以保持在 95% 以上，但个别省区面临较大压力。2021 年，预计新疆、西藏和冀北地区随着全社会用电量的稳步提高，新能源消纳矛盾逐步缓解，但新能源利用率仍低于 95%；山西、河南受 2020 年底风电大规模抢装（新增并网需求超过 1000 万 kW）影响，新能源利用率将分别下降到 93.0%、93.7%。

4.2.2 新能源发电"十四五"展望

综合分析国家能源转型要求、清洁能源消纳目标以及新能源成本快速下降等因素，预计到 2025 年，全国风电和光伏发电总装机规模有望超过 7.5 亿 kW，约占全国电源总装机的 29%，发电量占比12%。2025 年全国电源装机结构如图 4-8 所示。

根据"十四五"期间不同地区风电、光伏的度电成本，以及考虑到"十四五"期间西北部地区电力消纳得到缓解，初步判断：

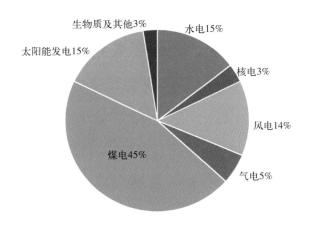

图4-8 2025年全国电源装机结构

一是光伏发电项目仍会延续集中式和分布式相结合的开发方式，随着领跑者基地、部分外送通道配套电源、部分存量电站和平价示范项目的陆续投产，集中式光伏电站占比可能提升。

二是陆上风电向"三北"地区和东南部地区发展。随着"三北"地区特高压交直流外送通道能力提升，消纳条件的进一步改善，未来"三北"地区将吸引更多陆上风电开发建设；东南部地区分散式风电发展面临的单位容量造价高、资源评估和分散运维难及项目审批管理复杂等问题也有望逐步得以化解，分散式风电也将保持良好的发展态势。

三是海上风电发展空间大，但仍面临成本较高等问题。目前度电成本仍高于 0.6 元 /（kW·h），"十四五"期间将继续下降。据了解，到 2021 年底国家将停止新增海上风电的补贴，地方政府对海上风电的补贴能力也面临一定困难，未来海上风电发展存在一定的不确定性。

总体来看，"十四五"期间，新能源并网规模接近翻番，但是电力需求增长和系统调节能力提升有限，考虑现有火电机组进行灵活性改造后，调峰能力仍有缺口，新能源消纳形势依然十分严峻，需要政府部门加强预警调控，也需要各利益相关方达成共识，取得平衡。根据初步测算，西北区域新能源整体利用率保持在 95% 以上的压力较大。冀北、山西、陕西、甘肃和新疆等省区新能源消纳需要重点关注。

为促进风电等新能源可持续发展，"十四五"期间应进一步合理确定新能源装机规模，优化布局和时序，在政策上继续采取新能源总量规模和布局管理、出台无补贴项目纳入规划管理的办法及深化年度投资预警和监管制度等举措，引导新增规模向消纳较好的省区倾斜，充分利用东中部地区的消纳市场空间，提高新能源利用率。

4.3 促进我国新能源可持续发展的建议

4.3.1 关于发展原则的建议

风电和光伏即将进入平价上网时代，我国新能源发展前景看好。基于电力系统整体的安全性和经济性考量，建议未来新能源发展遵循如下原则：

一是以保障系统安全为前提。深化高比例新能源接入对电力系统运行影响的机理认识，通过技术和管理手段，多措并举，保障电力系统安全。完善新能源和分布式电源并网技术标准、工程规范和相关管理办法，提升新能源发电涉网安全技术要求。

二是突出规划引领、优化全国布局。综合考虑各省区新能源平稳发展及消纳责任权重落实，做好国家能源、电力、电网和新能源等规划对接，加强电网规划与建设，促进新能源有序高效发展。

三是持续健全年度预警机制。加强新能源项目新增规模管理，深化年度投资预警和监管制度。建立无补贴新能源项目管理机制，综合考虑电网接纳能力、各地新能源发电成本以及国家清洁能源利用目标等，确定无补贴新能源项目规模，引导无补贴新能源项目合理布局。

四是多能互补、多网协同。电力系统要求实时平衡，刚性强。供热、供冷和供气没有那么强的实时性要求。多能互补、多网协同可以很好地发挥多种系统、多种能源及负荷需求特性，有效提升系统运行灵活性和效率，促进新能源的并网消纳能力和经济性。

五是充分发挥市场配置资源的作用。统筹中长期和现货市场、省间和省内市场，通过市场手段促进新能源发展与消纳。加快促进清洁能源消纳的市场建设和机制完善，结合现货市场试点建设情况，探索清洁能源参与现货市场机制，建立健全电力辅助服务市场机制，同时建立基于可再生能源电力消纳保障机制的电力交易机制。

六是友好接入，与其他电源相协调。提升新能源并网友好性，统筹规划抽蓄和火电机组灵活性改造、需求侧响应和电化学储能等灵活性资源，确保电网调节能力与系统备用充足。

4.3.2 关于加强规模引导优化的建议

近中期新能源仍将快速发展，有可能出现陆上风电和海上风电的抢装潮，平价上网后也难以再通过补贴资金总量调控年度发展规模。如果规划约束性不强，年度调控总规模不到位，很有可能再现"十二五"期间的严重弃风、弃光问题，不利于新能源可持续健康发展。

在新能源规模化发展初期（2011—2015 年），由于对新能源总量规模缺少有效管理，致使部分地区新能源新增规模远超预期，比如在新疆、甘肃和内蒙古等弃风、弃光率比较高的地区，新能源每年新增规模居高不下，导致新能源利用小时数持续降低。自 2016 年起，政府开始调整完善新能源项目管理政策，建立风电、光伏投资监测预警机制，出台"5.18""5.31"风电、光伏发电项目开发管理新政，要求享受补贴的风电、光伏发电项目均纳入规模管理，通过竞争方式配置项目，取得了一定效果。

建议：一是借鉴以往经验教训，坚持政府宏观调控与市场配置资源相结合的原则，进一步强化新能源发展的规模管理，出台无补贴新能源项目纳入规划管理的办法，深化年度投资预警和监管制度；二是以电力系统经济接纳能力为依据，综合考虑电源、电网、负荷和市场建设等因素，合理确定新能源装机规模、优化布局及时序，并及时滚动修正。

4.3.3 关于促进消纳的建议

与传统电源相比，大规模新能源接入电力系统大幅增加系统调峰需求。在"十四五"期间，考虑措施的经济性、可行性等因素，建议通过推进火电灵活性改造、建设抽水蓄能、促进跨省互济及允许合理弃能等手段解决调峰问题。

一是出台激励政策，推进火电灵活性改造。为提高系统调峰能力，国家《电力发展"十三五"规划》明确提出在"三北"地区实施 2.15亿 kW 煤电灵活性改造，但是由于相关机制不完善，改造进度严重滞后，2019 年底仅完成 5775 万 kW 左右，不到规划目标的 27%。"十三五"期间的实践表明，发电企业通过深度调峰改造可以实现盈利方式的转变。因此，"十四五"期间应在总结各地辅助服务市场经验的基础上，继续完善并推广建设调峰辅助服务市场；结合电力市场建设，探索引入容量电价机制，激发火电厂进行灵活性改造的积极性。

二是推进抽水蓄能电站建设，提升新能源消纳水平。抽水蓄能电站通过发挥削峰填谷作用，从两方面助力消纳清洁能源：一是通过顶峰发电减少常规机组开机，为消纳清洁能源腾出空间；二是在弃电时段，抽水储能电站将弃电量存储起来，并在负荷高峰时段发电。后夜低谷、中午平峰时，恰逢风电和光伏大发，系统调峰困难，在运抽水蓄能电站在该时段频繁抽水，与其他手段共同作用，实现了新能源的高效利用。"十四五"期间，国家电网有限公司经营区有望投产 2000 多万 kW 抽水蓄能电站，将进一步促进新能源消纳。但需要关注的是，第二轮输配电定价成本监审办法明确规定抽水蓄能电站不得计入输配电定价成本，这将对抽水蓄能电站未来开发建设和投产规模产生较大影响，仍需要国家尽快完善抽水蓄能电站支持政策。

三是增强区内跨省互联，充分发挥互济作用。中国地域面积广阔，因此风电、太阳能发电均呈现较好的地理分散效应。即相对小区域，更大区域内的风电、太阳能发电的间歇性和波动性会相应削弱。以华北电网为例，统计 2018 年该区域内各省级电网风电出力发现，各省级电网之间风电具备一定的互补特性，互济后的风电反调峰系数为 0.22，显著低于区域内各省的平均值 0.36。因此，加强区域内各省级电网互联，能够有效缓解部分区域较为严重的调峰压力。

四是允许合理弃能，增加新能源利用规模。新能源发电出力统计结果显示，尖峰出力持续时间短、尖峰电量少，全额消纳需付出额外成本，降低了系统整体经济性。新能源发电规模比较大的地区均存在不同程度的主动或被动弃风、弃光现象。以黑龙江为例，2018 年全年仅 2.2% 时段风电出力能达到额定出力的 70% 以上，这部分发电量仅占可发电总量的 0.6%。因此，应当以电力系统整体成本最小来合理确定新能源利用率，进而给出新能源的发展规模。测算表明，如将国家电网有限公司经营区 2025 年新能源弃能率管控目标设为 8%，与 5% 目标相比，新能源装机可增加 3400kW（发电量 550 亿 kW·h），考虑存量新能源发电机组弃电率变大的影响，新能源发电量净增 280 亿 kW·h，减少 1300 万 kW 灵活调节资源需求，降低电力供应总成本 350 亿元。

五是利用市场加快可再生能源平价发展与高效消纳。加快推进全国统一电力市场与现货市场建设，加快风光新能源发电由"报量不报价"向"报量报价"的转变，促进新能源发电的市场化竞争与优胜劣汰，促进参与市场竞争的集中式与分布式可再生能源的规模与布局优化发展。

4.4　小结

随着能源转型的深入推进和经济步入高质量发展阶段，未来我国能源电力中长期发展将呈现如下趋势：电力需求在未来相当长一段时期仍将保持稳定增长，非化石能源占比逐步提高，并将成为主导能源，新能源发电成为主力电源，电力在能源转型中的地位持续提升，能源发展电气化趋势越来越明显。

综合分析国家能源转型要求、清洁能源消纳目标以及新能源成本快速下降等因素，预计到 2025 年，全国风电和光伏发电总装机规模有望超过 7.5 亿 kW，接近翻番，但是电力需求增长和系统调节能力提升有限，考虑现有火电机组开展灵活性改造后，调峰能力仍有缺口，消纳形势依然严峻。

风电和光伏即将进入平价上网时代，我国新能源发展前景看好。基于电力系统整体的安全性和经济性考量，未来新能源发展需充分发挥市场配置资源的作用，建议遵循如下原则：以保障系统安全为前提；加强规划引领、优化全国布局；友好接入、与其他电源相协调；持续健全年度预警机制；多能互补、多网协同。

与传统电源相比，大规模新能源接入电力系统，带来的最大挑战是增加了系统的调峰需求。在"十四五"期间，考虑措施的经济性、可行性等因素，建议综合采用加快推进火电灵活性改造、建设抽水蓄能、促进跨省互济及允许合理弃能等手段解决调峰问题。

第5章

新能源发电并网
重点问题及对策

经过近十年来的高速发展，我国已成为全球新能源发电装机第一大国。新能源发电的快速发展对推动我国能源变革、践行应对气候变化承诺发挥了重要作用。我国新能源发电装机在全网总装机中的占比已经达到 21.8%，在电力系统中的地位已然改变，正在向电能增量主力供应者过渡。在未来相当长时期内，我国新能源发电装机仍将保持大规模增长，需要将新能源发展放到整个能源电力行业发展的框架内进行统筹考虑，科学研判未来发展趋势，深入研究科学发展关键问题，提出政策和措施建议，促进高比例新能源和电力系统协调发展。

5.1 新能源发电平价上网与平价利用

随着风光发电成本的持续下降，"平价时代""可与常规电源竞价"等提法成为热门词汇。而现实系统中，风光发电的平价上网并不等于风光电量的平价利用，未来需要更加关注风光发电的利用成本。

5.1.1 新能源发电成本变化趋势

1. 全球新能源发电成本变化情况

近十年来，随着关键设备价格下降，全球新能源发电成本也持续下降，陆上风电成本最低，光伏发电成本下降最快。根据彭博数据，2018 年全球陆上风电平均度电成本约为 0.052 美元/（kW·h）[折合人民币 0.34 元/（kW·h）]，比 2010 年下降 44%；海上风电平均度电成本[○]约为 0.115 美元/（kW·h）[折合人民币 0.759 元/（kW·h）]，比 2010 年下降 32%；全球光伏发电平均度电成本约为 0.06 美元/（kWh）

○ 折算所用汇率为当年全年平均汇率。

[折合人民币 0.396 元 /(kW·h)]，比 2010 年下降 80%，如图 5-1 所示。

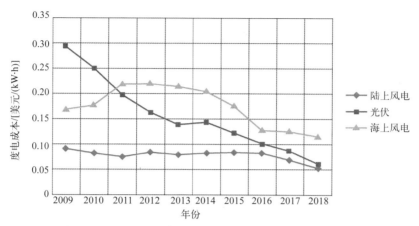

图5-1　2009—2018年全球风电和光伏发电度电成本

引入竞争机制有效促进了新能源发电价格的下降。根据 IRENA 数据，目前全球至少已有 100 个国家采用竞价方式确定上网电价，2018 年光伏发电和风电竞价装机容量分别为 3200 万 kW 和 1500 万 kW。2019 年 6 月，巴西 202MW Milagres 光伏发电项目中标电价为 1.6975 美分 /(kW·h)[折合人民币 0.12 元 /(kW·h)]，为全球当时最低价项目。2020 年 4 月，阿联酋光伏发电项目最低报价 0.0497 迪拉姆 /(kW·h) [折合人民币 0.1 元 /(kW·h)]，又一次刷新了全球最低价。

2. 我国新能源发电成本变化情况

随着光伏发电技术进步和产业升级，以及市场容量增大，我国光伏发电成本持续下降，2018 年我国光伏组件平均为 1.8 元 /kW，光伏电站造价约为 4.2 元 /W，比 10 年前下降了 90%，如图 5-2 所示。相较于光伏电站，虽然分布式光伏发电组件和逆变器的单位容量成本更高，但是由于非技术成本较低，部分地区的总体造价略低于光伏电站。

随着我国风电全产业链逐步实现国产化，风电机组设计和制造技术不断改进，发电效率持续提升，风电场造价和度电成本总体呈现逐年下降趋势。近年来我国东中部地区新增风电规模占比上升，

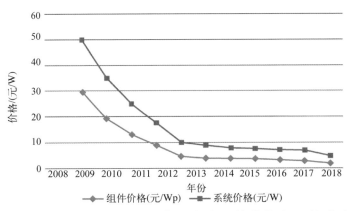

图5-2　2009—2018年中国光伏组件价格和系统成本

抬高了土地和建设成本，但得益于风电机组价格的持续下降，2018年全国陆上风电单位千瓦造价约为7500元，同比下降6%，平均度电成本为0.38元/kW·h，略高于全球平均度电成本。2019年受供需形势变化影响，我国陆上风电造价有所提升。相较于大型风电场，分散式风电单机容量小、价格高，前期和配套费用没有明显下降，使得分散式风电单位容量造价要比大型风电场高10%以上。我国陆上风电单位千瓦造价如图5-3所示。

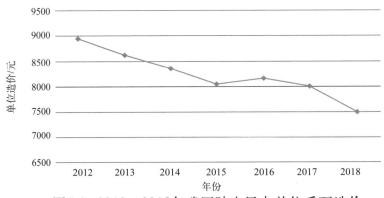

图5-3　2012—2018年我国陆上风电单位千瓦造价

近年来，海上风电机组设计、运输和安装的创新以及集群规模化的建设，推动海上风电造价水平快速下降。与陆地风电相比，海上风电具有平均风速大、利用小时数高、市场消纳空间大及适合大规模开发等优点。2019年我国在建海上风电项目单位千瓦投资

14000 ～ 19000 元，约为陆上风电的两倍，见表 5-1。2019 年 8 月，国内第一个海上风电竞价项目（奉贤海上风电项目）有关数据显示，单位千瓦投资 15700 ～ 17000 元，度电成本 0.65 ～ 0.76 元 /（kW·h），明显低于国家给定的指导价 0.8 元 /kW·h，具体见表 5-2。

表5-1　我国在建海上风电项目单位千瓦造价情况

项目名称	单位千瓦造价 / 元
华电玉环 1 号海上风电场项目	16917
粤电珠海金湾海上风电项目	18900
广东粤电湛江外罗海上风电项目	18500
中电投大丰 H3 海上风电项目	14550
嘉兴 1 号海上风电项目	18607
三峡广东阳江市阳西沙扒海上风电项目	18963
上海临港海上风电一期示范项目	15804

表5-2　奉贤海上风电项目竞争配置申请情况

申请单位名称	风电机组单机容量 /MW	申报电价 /[元 /（kW·h）]	单位千瓦造价 / 元	年等效利用小时数 / h
上海电力、上海绿色环保能源	6.45	0.7388	16456	3085
申能股份、中国大唐、中海油、上海电气	6	0.747	15723	2817
中国华能	6.25	0.75	15953	2976
龙源电力	5.2	0.65	15780	3076
中广核	－	0.76	16947	2812

非技术成本已成为影响光伏发电和陆上风电度电成本的重要因素，光伏发电、陆上风电和海上风电初始投资中非技术成本占比分别为 18%、9% 和 2%，具体如图 5-4 ～ 图 5-6 所示。新能源发电成本包括风机机组/光伏组件、电力线路和并网设备等技术成本，以及前期立项、土地使用费和融资成本等非技术成本。根据中

国光伏行业协会、中国风能协会等行业机构数据，核准前期成本为200 ～ 900 元/kW，补贴拖欠通常在 3 年以上，民企长年贷款利率通常在 10% ～ 12%。

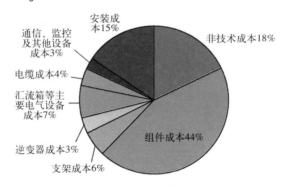

图5-4 光伏发电成本构成

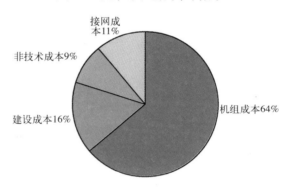

图5-5 陆上风电成本构成

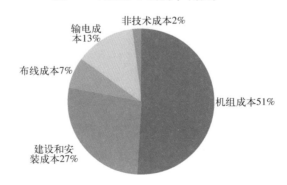

图5-6 海上风电成本构成

5.1.2 新能源发电成本未来展望

通过对多家行业协会、研究机构、权威人士和项目业主开展访谈调研，结果表明，未来一段时期光伏发电和海上风电成本仍有一定下降空间，陆上风电成本下降空间不大，预计 2020 年我国光伏电站、陆上风电和海上风电的单位千瓦造价分别为 3800 元、6900 元和14000 元，2025 年有望降到 2500 元、6000 元和 12000 元。2025 年全国光伏发电单位千瓦造价见表 5-3，2025 年全国陆上风电单位千瓦造价见表 5-4。

表5-3 2025年全国光伏发电单位千瓦造价　　　　　（单位：元）

地区	2020 年	2025 年
华北	3815	2510
东北	3679	2420
西北	3910	2572
华东	3826	2517
华中	3872	2548

表5-4 2025年全国陆上风电单位千瓦造价　　　　　（单位：元）

地区	2020 年	2025 年
华北	6796	5909
东北	6524	5673
西北	7276	6327
华东	7178	6241
华中	6958	6050

1）根据各省分布式光伏项目平均利用小时数，2020 年分布式光伏度电成本基本在 $0.38 \sim 0.6$ 元 /（kW·h）之间。按照自用电量占比 80%、结算价格为销售目录电价八五折进行测算，大部分省份可实现用户侧平价上网（除重庆、山西和贵州等少数省份外），如图 5-7所示，图中绿柱表示平价地区。

2）在考虑目前燃煤脱硫标杆电价水平不变、未来部分省份弃光好

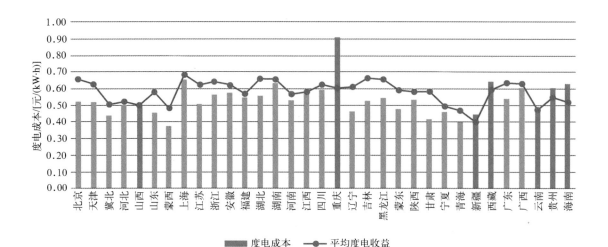

图5-7 2020年分布式光伏各省度电成本分析

转及光伏发电利用小时数有所提高等边界条件下,对 2025 年各省光伏电站度电成本进行测算,基本在 0.23 ~ 0.4 元 /(kW·h) 之间,绝大部分省份可实现发电侧平价上网(除重庆和贵州之外),如图 5-8 所示。

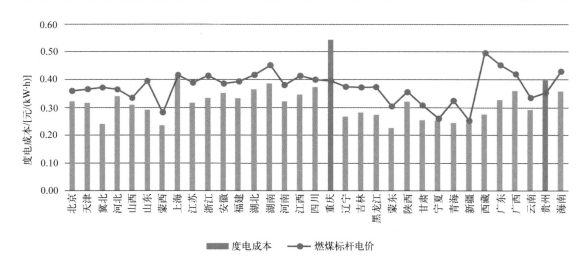

图5-8 2025年光伏电站各省度电成本分析

3)在考虑目前燃煤脱硫标杆电价水平不变、未来部分省份弃风好转及风电利用小时数有所提高等边界条件下,对 2025 年各省陆上风电度电成本进行测算,基本在 0.24 ~ 0.4 元 /(kW·h) 之间,大部分省份陆上风电可实现发电侧平价上网(除重庆、天津和山西等省

份之外），如图 5-9 所示。另外，根据测算，2025 年江苏、广东的
海上风电将接近平价上网。

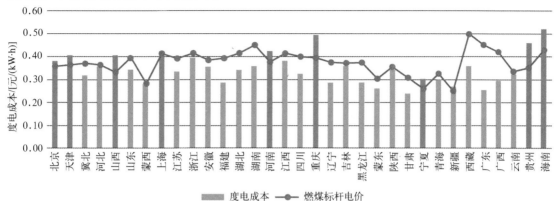

图5-9　2025年陆上风电各省度电成本分析

5.1.3　平价上网不等于平价利用

新能源发电总体上即将进入平价上网时代，自身度电成本低于
火电成本，但从终端用户来说，平价上网的新能源传导至用户需额
外增加一项成本，即接入送出产生的输配电成本以及为保障系统安
全增加的系统成本（包括平衡成本和容量成本），平价上网不等于
平价利用。换言之，平价利用不但包含自身发电成本，还需要考量
带来的利用成本。

根据 IEA《World Energy Outlook》研究，随着风电等波动
性电源在电力系统中所占比例的提高，尤其是超过一定比例以后，
额外增加的利用成本将明显上升。装机容量占比在 5% ～ 30% 之
间时，平均输配电成本为 15 美元 /（MW·h），折合人民币 0.1 元
/（kW·h）；装机容量占比在 10% ～ 20% 之间，平衡成本和容量
充裕性成本分别为 1 ～ 7 美元 /（MW·h）和 4 ～ 5 美元 /（MW·h），
两者合计折合人民币 0.036 ～ 0.085 元 /（kW·h）。

根据 IEA 研究提出的系统成本取折中值 0.061 元 /（kW·h），东

部省份不考虑输电成本进行分析，比对各省光伏发电、陆上风电度电成本与燃煤标杆电价之差，2025 年广东、福建和辽宁等少数省份可以实现平价利用，如图 5-10 所示。

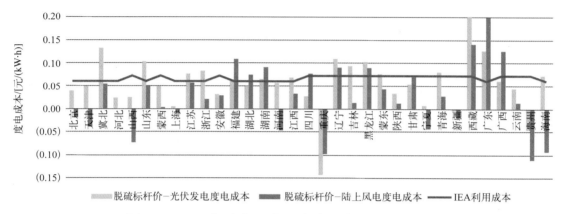

图5-10　2025年陆上风电、光伏发电利用成本分析

但是，考虑到我国为大陆季风性气候、风电保证出力相比欧美要低、新能源发电预测精度尚有差距及煤电比重高等因素，我国新能源并网带来的系统成本比欧美更高，达到平价利用的省份实际上还要少一些。

5.2　海上风电发展前景与未来挑战

随着海上风电技术进步以及陆上优质风能资源的逐步开发，近年来全球海上风电发展加快，我国海上风电装机提前一年实现"十三五"规划目标。未来，随着新能源补贴逐步退坡，海上风电发展存在较大不确定性。2020 年是"十四五"规划编制年，有必要研究海上风电发展前景和面临的挑战。

5.2.1　海上风电发展和消纳情况

海上风电核准项目规模大。《海上风电开发建设管理办法》（国能新能〔2016〕394 号）明确国家能源局不再统一编制全国海上风电开发建设方案，由各省能源主管部门编制本省海上风电发展规划报国家能源局审定，并核准具备建设条件的项目。过去一两年，广东、江苏和福建等沿海省份发展海上风电积极性高涨，目前已核准的海上风电项目装机容量超过 3500 万 kW。

海上风电快速增长，提前一年实现"十三五"规划目标，电量基本实现全额消纳。2019 年我国海上风电新增装机 198 万 kW，总量达到 593 万 kW。2014—2019 年期间，我国海上风电装机容量由 40 万 kW 增长到 593 万 kW，增长了 14 倍。从布局看，我国海上风电主要分布在江苏、福建和上海，分别为 423 万 kW、46 万 kW 和 41 万 kW。

5.2.2　海上风电开发建设的影响因素分析

1. 资源条件

我国气象局风能资源评价结果显示，东部沿海地区近海风能资源条件好。根据国家标准《风电场风能资源评估方法》给出的 7 个级别风功率密度等级的规定，福建沿海、浙江东南部沿海是我国近海风能资源最丰富的地区，风能资源等级在 6 级以上；浙江东北部沿海、广东沿海和海南岛西部近海海域的风能资源条件也十分丰富，风能资源等级在 4 ~ 6 级之间；我国沿海其他地区（包括辽宁、河北、山东、江苏和广西北部湾等）资源条件较为丰富，风能资源等级在 3 ~ 4 级之间。

目前我国潮间带和近海区域内的海上风电开发技术较为成熟，近海水深 5 ~ 25m 范围内风能资源潜在技术开发量为 1.9 亿 kW，但受到海洋军事、航线、港口和养殖等海洋功能区划的限制，近海实际的技术可开发量将远小于理论开发量。我国风能资源潜在开发量见表5-5。

表5-5 我国风能资源潜在开发量 （单位：亿kW）

风能资源区划等级	4级及以上 风功率密度≥400 W/m²	3级及以上 风功率密度≥300 W/m²
远海离岸50km以内	2.3	3.8
近海水深5～25m	0.9	1.9

2. 技术水平

风机大型化成为海上风电技术的发展方向，自主化水平大幅提高，但面临轴承、电控系统等关键设备"卡脖子"的问题。全球海上风机平均单机容量从2007年的2.9MW提高到2018年的6.8MW，2007—2018年全球海上风电场的平均单机容量变化情况如图5-11所示。我国海上风机制造技术水平不断提高，平均单机容量已超过3MW，最大单机容量达到7.3MW，已经掌握了5～6MW海上风机的整机集成技术。2020年4月，国内首台自主知识产权8MW海上风电机组完成安装。但是，目前我国海上风电制造能力与国际先进水平仍存在差距，且面临关键零部件"卡脖子"的问题，主要包括各类轴承，尤其是主轴以及电控系统。

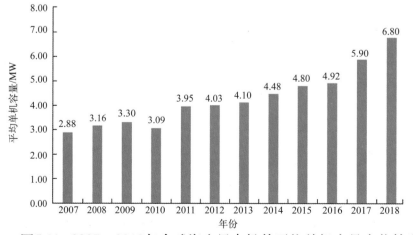

图5-11 2007—2018年全球海上风电场的平均单机容量变化情况

施工建设技术不断进步，海上风电逐步向近海、深海和大基地方向发展，但仍然难以适应未来需求。与陆上风电相比，海上风电在施工建设、运行维护等方面的难度更大。近年来，我国海上风电场施工船在数量、性能和吨位上实现了新的突破，自主研发的龙源振华海上施工船运载能力超过 800t、最大工作水深超过 30m。为了赶上 0.85 元 /（kW·h）的上网电价，目前海上风电正迎来建设高峰，但是海上风电吊装能力仍在一定程度上受安装船和风电机组产能的制约。我国海上风电呈现出由潮间带到近海、由浅水到深水、由小规模示范到大规模集中开发的趋势。预计到 2020 年后，海上风电平台的水深将超过 50m，离岸距离将超过 30km，基地式集中连片开发将成为我国海上风电的主流开发模式。但是，未来远海大型海上风电基地开发对安装建设施工和水底组网技术的要求将更高，现有技术难以满足要求。

3. 发电成本

2014 年以来，我国海上风电度电成本下降超过 50%，但与陆上风电、火电相比，度电成本仍然较高。2014 年我国海上风电平均度电成本约 0.228 美元 /（kW·h）[折合人民币 1.5 元 /（kW·h）]；2018 年平均度电成本降至 0.095 美元 /（kW·h）[折合人民币 0.64 元 /（kW·h）]，比 2014 年下降了 58%，主要是海上风机价格、建设安装成本等方面带来的成本下降（投资成本构成中，海上风机机组成本仅占 50% 左右，建设安装和并网成本占 47%，约是陆上风电的 2 倍）。

4. 市场消纳

海上风电市场消纳空间总体充裕，但还应关注局部地区可能出现的制约。从海上风能资源条件和开发布局来看，我国海上风电重点布局在江苏、福建、浙江、山东和广东等东部和南方沿海地区，这些地区用电负荷高，风电消纳的市场空间相对充裕。2019 年，江苏、浙江和福建本地最大负荷分别达到 10500 万 kW、8500 万 kW 和 3600 万 kW，风电装机和最大负荷的比例分别为 10%、2% 和 10.5%。同期看，"三北"地区的甘肃、新疆风光装机总和已高于当地用电最大负荷。

5.2.3　海上风电发展前景分析

与陆地风电相比，海上风电风能资源的能量密度比陆地风电场高 20%～40%，具有平均风速高、利用小时数高及适合大规模开发等优点。自 2014 年国家能源局发布《关于印发全国海上风电开发建设方案（2014—2016）的通知》（国能新能〔2014〕530 号）以来，我国海上风电开始起步。经过五年来的努力发展，我国海上风电制造、建设和运维技术水平不断提高，发电成本逐年加速下降，呈现出加快规模化发展的趋势。结合我国能源转型发展目标，海上风电具有广阔的发展空间。

目前，我国海上风电单位造价最低降至 14000 元左右，度电成本约 0.64 元 /（kW·h），在 2019 年近海风电标杆上网电价为 0.8 元 /（kW·h）的水平下具有较好的盈利能力。江苏、广东、浙江、福建和上海等省市对发展海上风电的意愿比较强烈。根据目前我国关于海上风电补贴的思路，2021 年后将取消海上风电国家补贴，由地方政府进行补贴，使得目前处于起步阶段的我国海上风电发展承受较大压力，这将大大影响海上风电新增规模，"十四五"我国海上风电发展存在较大的不确定性。

考虑到海上风电可以大规模集中开发，并在东部沿海负荷中心实现就近消纳，且成本也有一定的下降空间，同时，海上风电对地方经济发展也有重要意义。未来，预计有补贴能力的地方政府将会积极推动海上风电发展，有利于实现产业和市场的紧密对接。

5.3 高比例新能源发电并网与电网安全问题

"十四五"期间，新能源仍将保持快速发展，无论是集中式还是分布式新能源，都将给电力系统安全运行带来巨大挑战，应受到广泛关注。近年南澳和英国发生的大停电事故，与新能源大规模接入不无关系。但需要注意的是，集中式新能源和分布式新能源对电力系统的影响具有较大差别，需要区别对待。

5.3.1 高比例新能源发电并网带来的电力系统安全问题

随着新能源发电的快速发展与优先调度，系统常规电源开机比例下降，导致系统抗扰动能力降低，电网调节能力不足，给电网安全运行带来挑战。同时需要重点关注的是，随着电力电子设备大量接入电网，电力系统电力电子化特征日益显著，电网运行机理深刻变化，电网故障易引发大规模脱网事故，带来新的系统问题。近年来国内外发生的一些电网事故都与此相关。

1. 系统抵御扰动能力降低，易大规模脱网

新能源发电包含大量电力电子设备，其频率、电压耐受标准偏低。当系统发生事故，频率、电压发生较大扰动时，譬如大型机组故障、大容量线路跳闸等，新能源机组容易大规模脱网，引发连锁故障。该问题随着新能源并网规模的快速增长而日益突出，具体见表5-6。

表5-6 新能源和火电机组的异常响应要求

	电压耐受上限 (pu)	频率耐受下限 / Hz	频率耐受上限 / Hz
常规火电	1.3	46.5	51.5
风机	1.1	48.0	50.2
光伏	1.1	48.0	50.5

2016 年 9 月 28 日，澳大利亚南澳州全州大停电，是自 1998 年以来断网时间最长、影响面积最大的一次停电。事故起因是受 50 年一遇的特大风暴影响，州内三条 275kV 输电线路几乎同时故障并跳闸，由此引发大幅度电压扰动 6 次，使得 9 座风电场共计 45.6 万 kW 风力发电脱网，进而导致与维多利亚州的 Heywood 联络线严重过载跳闸（事故前运行 52.5 万 kW），最终系统频率崩溃。该起事故的主要问题是新能源异常响应能力弱，系统电压异常导致大规模脱网，引发州际联络线路跳闸的联锁故障。具体如图 5-12 和图 5-13 所示。

2019 年 8 月 9 日，英格兰和威尔士发生停电事故，是十多年来影响最大的停电事故。事故起因是受暴雨雷击天气影响，线路发生单相接地故障跳闸，但此后霍恩西海上风电场受电压扰动影响脱网，损失出力 73.7 万 kW，分布式电源受线路跳闸影响启动防孤岛保护脱网，损失出力约 50 万 kW，加上 24.4 万 kW 的小巴福德燃气电厂切机，造成系统功率缺额超过系统频率响应容量，引发大面积停电事故。该起事故的主要问题是新能源在系统发生扰动时大规模脱网，使得含高比例新能源的电网出现严重功率缺额，英国停电事故期间频率如图 5-14 所示。

建议：一是尽快完善新能源并网标准，提高新能源机组涉网性能，挖掘新能源场站自身动态有功和无功调节能力，要求新能源参

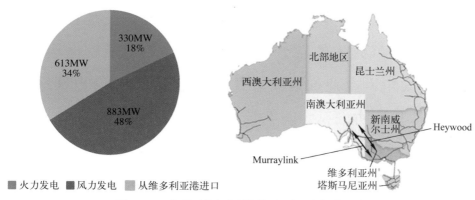

图5-12 南澳州电源结构和主要电力网架

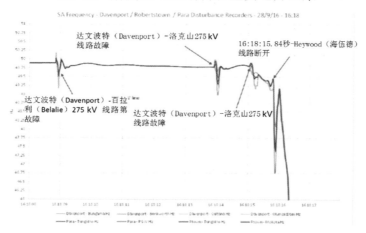

图5-13 南澳州停电事故期间电网频率

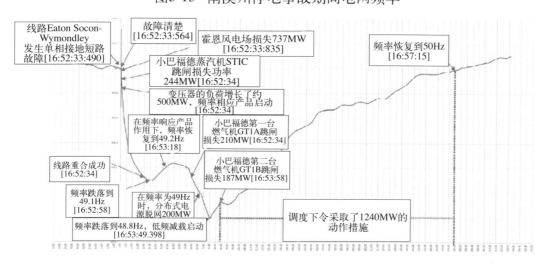

图5-14 英国停电事故期间电网频率

与系统调频、调压，防范新能源大规模脱网引发联锁故障；二是深化大比例接入条件下新能源发电电磁暂态过程机理和模型研究，优化调整控制系统参数，以抑制暂态过电压幅值；三是在新能源高比例接入与极端天气频发的背景下，气象条件对电网安全运行的影响越来越大，需要电网企业加强灾害气象预警水平，结合电网运行特性，强化风险分析与预防。

2. 带来新的稳定问题

电力电子装置的快速响应特性，在传统同步电网以工频为基础的稳定问题之外，出现了宽频带（5～300Hz）振荡的新稳定问题。新能源机组产生的次同步谐波易引发次同步振荡，危及火电机组及主网安全。目前已在新疆、甘肃、宁夏和河北等风电富集地区多次检测到风机产生的次同步谐波。

2015年7月1日，新疆哈密地区风电机组产生次同步谐波，经5级变压，传递到300km外的火电机群，引发花园电厂3台66万kW机组扭振保护动作，机组相继跳闸，电厂全停。

建议：各方高度重视新能源次同步振荡等新问题，加强新能源次同步谐波管理，深化机理研究，出台相关规定。

5.3.2 高渗透率分布式电源带来的运行管理问题

分布式电源发展呈现数量多、规模小和分布广等特点，高渗透率接入给电网安全运行管理带来一定困扰，需要及时解决已有标准要求偏低导致容易脱网、可观可测比例低导致调峰难度加大及影响配电网供电可靠性和电能质量等问题。

1. 标准偏低导致系统扰动时易脱网

随着分布式电源快速发展，早期制定的技术标准要求相对偏低，难以适应局部地区高比例接入形势，而且一些项目并未严格执行相关要求，具体见表5-7。

表5-7 分布式电源并网要求

序号	技术内容	GB/T 33593－2017 分布式电源并网技术要求（35kV 及以下）	GB/T19964－2012 光伏发电站接入电力系统技术规定（10～35kV 公共电网）	GB/T29319－2012 光伏发电系统接入配电网技术规定（10kV 用户侧和 380V）
1	有功频率控制	根据频率和调度指令调节有功	配备有功功率控制系统、参与控制、有功变化率、紧急控制	无
2	无功电压控制	调节电源无功、投入补偿装置、调节变压器电压比：380V 并网 ±0.95；10kV/6kV/35kV 并网 ±0.98，参与电网调压	逆变器 ±0.95 动态可调；105kV/35kV 并网光伏电站 ±0.98，参与电网调压	光伏发电系统 ±0.95 连续可调，参与电网调压
3	故障穿越	非必须（宜），最低跌落电压 0.2pu	必须（应），零电压穿越	无
4	安全与保护	6kV/10kV 接入用户侧：同 29319；6kV/10kV 接入公共电网、35 kV：参考故障穿越	高电压适应性：1.1～1.2 pu：分闸 ≥ 10 s 1.2～1.3 pu：分闸 ≥ 0.5 s	<0.5pu：分闸≤ 0.2s 0.5～0.85pu：分闸≤ 2.0s 1.1～1.35pu：分闸≤ 2.0s ≥ 1.35：分闸≤ 0.2s
5	频率适应/保护	6kV/10kV 用户侧超出 49.5～50.2 Hz 时，0.2 s 内停止送电；10kV 及以上：在 50.2～50.5Hz 有差别	50.2～50.5Hz 至少运行 2min	超出 47.5～50.2Hz 时 0.2s 内停止送电

2019 年 7 月，华东能源监管部门印发通知，指出当前华东网内有近 1200 万 kW 分布式光伏执行的涉网频率技术标准偏低，在华东电网因大容量直流闭锁造成的主网频率大幅度波动情况下，有可能引发分布式光伏大规模脱网，进一步加剧电网运行风险，因此，要求集中开展分布式光伏涉网频率专项核查整改工作，提高低压接入的分布式光伏涉网频率要求。华东电网分布式光伏涉网频率要求见表 5-8。

2018 年以来，欧盟分布式电源发展规模较大的地区或国家也对

表5-8　华东电网分布式光伏涉网频率要求

电力系统频率范围	技术要求
< 48Hz	按光伏逆变器允许运行的最低频率要求选择继续或者停止向电网送电
48Hz ≤ f < 49.5Hz	至少能运行 10min
49.5Hz ≤ f < 50.2Hz	连续运行
50.2Hz < f ≤ 50.5Hz	至少能运行 2min
> 50.5Hz	按光伏逆变器允许运行的最高频率要求选择停止或者继续向电网送电,且不允许处于停运状态的分布式光伏并网

原有分布式电源并网技术标准进行了修订,强化了低/高电压穿越、频率异常响应等方面要求,具体见表5-9。

表5-9　欧盟分布式电源技术标准修订

标准要求	EN 50438: 2013	EN 50419 — 1: 2019	EN 50549 — 2: 2019
低/高电压穿越	×	○	○
频率异常响应	×	○	○
过电压减出力	×	○	○
故障电压支撑	×	×	○
零电流持续并网	×	○	○

注:× 表示不包含此内容,○表示包含此内容。

建议:适时修订分布式电源并网标准,提高分布式电源的系统异常响应、无功支撑等要求,并按照标准要求,严格设备入网检测及现场验收,加强核查整改,适应高渗透率分布式电源接入趋势。

2.可观可测比例低,加大调峰难度

低电压分布式电源信息接入率低,分布式新能源出力存在不确定性,大规模发展后影响负荷曲线预测精度,要求电网预留更多备用容量,加大电网运行方式安排难度。同时大规模分布式新能源和集中式新能源电站叠加,导致局部地区白天负荷低谷时段调峰难度加大。

目前，多数地县调不具备分布式光伏监测和预测手段，常规负荷预测无法考虑分布式光伏影响，加大了负荷预测难度，特别是分布式光伏高比例接入地区。据统计，江苏淮安、浙江嘉兴等地区母线负荷预测合格率下降 3% ~ 5%。淮安电网某日负荷预测曲线对比实际曲线如图 5-15 所示。

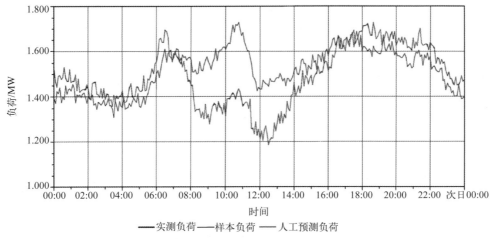

图5-15　淮安电网某日负荷预测曲线对比实际曲线

建议：在满足信息安全的基础上，加强中低压分布式电源信息监测，规范信息接入路径方式和标准，提高分布式电源信息接入率，实现分布式电源可观可测、部分可控，推广应用分布式电源"群控群调"。

3. 影响供电可靠性和电能质量

大量分布式电源接入配电网，导致下网潮流变轻，甚至倒送，使系统电压升高，甚至越限，线路变压器可能出现反向过载，节假日期间尤为突出，影响供电可靠性和电能质量，也可能导致分布式电源在过电压时脱网。

建议：根据已发布的行业标准《分布式电源接入电网承载力评

估导则》，开展各地分布式电源承载力计算，建立以承载力为依据的分布式电源规模布局管控机制，引导分布式电源均衡有序发展。

5.4 分布式电源发展与差异化管理

近年来分布式电源快速发展，但由于缺乏有效布局引导，导致局部地区渗透率较高，需要进行电网改造，提高了利用成本。迫切需要借鉴国外经验，研究考虑电网承载力的差异化管理体系，促进分布式电源和配电网协调发展。

5.4.1 分布式电源管理面临的挑战

（1）现有并网管理难以适应分布式电源概念扩大化和发展规模化趋势

2019 年底，现有分布式电源并网管理相关规定是在分布式电源规模较小、类型较为单一的起步阶段制定的，仅适用于低电压等级、小容量项目。随着分布式电源概念扩大化、类型多样化和局部地区接入集中化，在现阶段分布式电源面临并网管理风险和运行压力，还应进一步清晰、细化管理范围和要求，按电压等级、电源类型和渗透率大小进行区别对待，以适应新形势下分布式电源管理要求。我国分布式电源相关管理办法如图 5-16 所示。

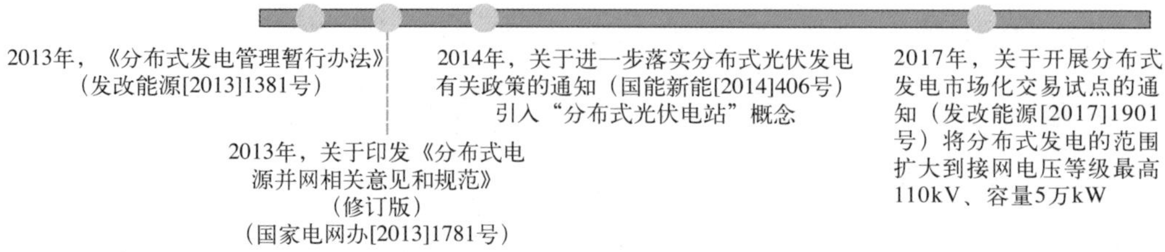

2013年，《分布式发电管理暂行办法》（发改能源[2013]1381号）

2014年，关于进一步落实分布式光伏发电有关政策的通知（国能新能[2014]406号）引入"分布式光伏电站"概念

2017年，关于开展分布式发电市场化交易试点的通知（发改能源[2017]1901号）将分布式发电的范围扩大到接网电压等级最高110kV、容量5万kW

2013年，关于印发《分布式电源并网相关意见和规范》（修订版）（国家电网办[2013]1781号）

图5-16 我国分布式电源相关管理办法

（2）高渗透率分布式电源增加电网改造成本，应以全社会成本最小为目标，基于电网的可承载能力进行差异化的并网管理

近年来分布式电源快速发展，局部地区装机规模较大，已对电源并网服务和电网规划运行产生显著影响。这和局部电网的接纳能力密切相关，由于精细化计算每个配电网接纳分布式电源能力的工作量较大，因此近年来国际上引入渗透率这个概念来研究分布式电源对电网的影响。容量渗透率通常指分布式电源装机容量与负荷最大值的比值，主要描述分布式电源的发展规模问题。

高渗透率分布式电源接入引起潮流反向，出现电压越限和设备过载问题，带来电网改造需求，渗透率越高，改造成本越大。

欧盟组织的"DG－GRID"研究以英国某偏远农村电网为案例，结果表明：一是渗透率达到 30% 时需要进行电网改造。随着渗透率增大，单位容量改造成本也逐渐增大。渗透率为 30% 和 40% 的单位容量改造成本分别为 13.3 欧元和 24.3 欧元。二是分布式电源越分散布局，改造成本越小。以 30% 渗透率为例，采用分散和集中接入时，单位容量改造成本分别为 13.3 欧元和 47.9 欧元。需要补充的是，集中接入时，30% 渗透率情况下被动模式（即不对分布式电源出力进行控制）单位容量改造成本要略低于 20% 渗透率情况，原因是改造成本增加的比例小于容量增加比例，从而使得单位容量改造成本略有下降。三是高渗透率且电网运行策略采取主动模式（即对分布式电源进行出力控制）时，可有效降低电网改造成本投入。以 20% 渗透率集中接入为例，被动模式和主动模式下单位容量改造成本分别为 48 欧元和 24.8 欧元，具体见表 5-10。

因此，分布式电源的科学发展应以全社会成本最小为目标，基

表5-10　分布式光伏接入英国偏远农村电网引起的单位容量的改造成本（单位：欧元/kW）

情景	分散布局，多点接入			集中布局，少点接入		
渗透率（%）	被动模式	主动模式		被动模式	主动模式	
		改造成本①	实现成本		改造成本	实现成本
10	0	0	0	0	0	0
20	0	0	0	48	16.8	8
30	13.3	0	10.7	47.9	33.7	5.3
40	24.3	0	16	56	37.6	4

① 为实现分布式电源出力控制所增加的成本。

于电网的可承载能力进行差异化的并网管理。

5.4.2　美国分布式电源差异化并网管理实践

美国将渗透率指标应用在布局引导和并网审查中，通过实施差异化管理，引导分布式电源优化发展。

一是在布局引导中的应用，及时公布基于渗透率的配电网剩余分布式电源接纳空间，引导分布式电源合理布局。按照美国政策，分布式电源项目业主除承担项目接网成本外，还要承担由此产生的电网改造成本。美国许多州的电力公司均以15%的渗透率为基准，定期发布各配电网剩余分布式电源接纳空间，引导项目业主优先在剩余接纳空间较大的地区投资，避免因项目超出接纳空间从而承担较大的电网改造成本，如图5-17所示。

二是在并网审查中的应用，把渗透率作为简化分布式电源并网审查技术要求的判断标准。常规情况下，美国电源并网需要开展复杂严格的接入系统技术审查，一般需经过4～8个月时间。美国2006年发布、2013年修订的《小型电源并网管理办法》规定，在渗透率低于15%（修订稿中将分布式光伏的渗透率调整至50%）的情

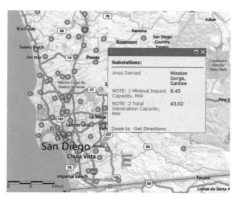

图5-17　圣地亚哥电力公司分布式电源剩余接纳空间网站发布图

况下，可对接入系统进行快速技术审查，审查内容仅包括电能质量、短路电流等几个方面，审查过程不超过 30 个工作日，无须再对电源、电网和负荷等多方面因素进行详细分析。美国小型电源并网技术审查流程如图 5-18 所示。

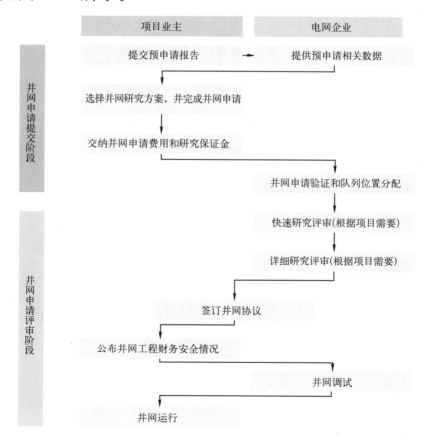

图5-18　美国小型电源并网技术审查流程

5.4.3 我国分布式电源差异化并网管理

1. 总体思路

借鉴国外经验，我国可将电网承载能力应用于分布式电源并网管理的全过程，包括电源规划、建设、并网服务和并网技术要求等，通过实施基于电网承载力的差异化管理，以经济引导和行政强制为手段，促进分布式电源和配电网协调发展。

基于电网承载力的分布式电源并网管理的基本考量因素包括：一是应与国家政策要求不冲突，分布式电源并网管理的要求、流程等应该符合国家出台的相关政策内容要求，力求方便快捷并网；二是基于电网承载力的差异化管理，引导分布式电源在电网承载力较强的地区开发建设，减少对电网的冲击，实现科学有序发展；三是应用于全过程管理，在分布式电源规划、建设、并网服务和并网技术要求各个环节都可进行差异化管理，有针对性地进行审核，提高管理效率，降低管理成本；四是经济引导和行政强制结合，避免引起大规模电网升级改造，保障电网安全稳定运行。我国分布式电源差异化并网管理框架如图 5-19 所示。

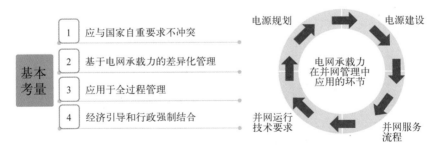

图5-19 我国分布式电源差异化并网管理框架

根据行业标准《分布式电源接入电网承载力评估原则》，综合考虑计算分析结果，分层分区确定电网承载力评估等级。根据承载力结果，可以划分为绿、黄、橙、红四类，并以此作为分布式电源差异化管理的不同分区。

2. 电源核准和建设方面

在核准备案阶段，基于核准规模的承载力分区，实施差异化的流程要求，承载力较高的地区尽可能简化核准备案流程，承载力较低的地区实行"先到先得"，过低地区暂停核准备案。在项目建设阶段，对于承载力较低地区，参考国外研究成果和实施经验，可由分布式电源业主承担部分电网改造成本。

分布式电源并网成本分摊机制主要包括深成本、浅成本和超浅成本三种方式。一是深成本方式，项目业主承担接网成本和电网改造成本；二是浅成本方式，项目业主承担接网成本以及部分电网改造成本，其余部分由电网企业承担；三是超浅成本方式，项目业主仅承担接网成本，其余部分由电网企业承担。表 5-11 统计了欧盟 16 个成员国分布式电源并网成本分摊机制，实行深成本承担机制的有 7 个，浅成本 2 个，超浅成本 9 个。采用浅成本或超浅成本模式的欧盟国家，对电网企业给予一定的成本补偿。在浅成本或超浅成本模式下，分布式项目业主仅承担接网费（及部分电网改造成本），业主所支付的费用不能覆盖接入电网及公共电网改造费用。因此，部分欧盟国家规定，对不足部分可通过收取系统使用费、提高电网企业准许利润上限及纳入输配电价核算等方式进行疏导，对电网企业进行适当激励：向分布式电源收取系统使用费的国家有罗马尼亚、斯洛伐克、奥地利、丹麦、意大利和英国。提高电网企业准许利润上限的国家有保加利亚、立陶宛、荷兰、意大利、捷克、匈牙利和丹麦。将增加成本纳入输配电价核算之中的有德国和法国。

表5-11　部分欧盟国家分布式电源并网成本分摊机制

国家	并网成本分摊机制		
	深成本	浅成本	超浅成本
奥地利			■
丹麦			■
德国			■
荷兰	■		
西班牙	■		
法国			■
意大利			■
英国		■	
保加利亚			■
捷克	■		
匈牙利	■		
立陶宛	■		
波兰			■
罗马尼亚	■		
斯洛伐克	■		
斯洛文尼亚			■

3. 并网运行阶段

基于承载力，对并网服务流程要求和并网运行技术要求实施差异化管理，通过业主投入成本和并网时长的差别，来引导分布式电源优化发展，保障电网运行安全。

并网服务流程方面：对于承载力较高地区，可以优先受理，进一步简化审核材料，加快并网服务时间；对于承载力低的地区，在国家政策允许范围内，加强并网接入审核，确保电网运行安全和用户可靠供电。

并网运行技术方面：根据承载力管控分区，确定不同的可观、可视和可控要求。对于承载力较高地区，在国家政策和标准允许范围内，分布式电源可采用相对较低的技术要求，譬如 GPRS 公网通信、允许 T 接等；对于承载力低的地区，要求采用专线接入、光纤通信和纵差保护等。

5.5 可再生能源电力消纳保障机制

实施可再生能源消纳保障机制，旨在激发用户侧绿色消费意识，增加电力消费侧可再生能源发电占比，提高可再生能源发电利用水平，不断提高非化石能源占一次能源消费比重，推动国家能源转型战略实施。

5.5.1 可再生能源电力消纳保障机制进展

2019 年 5 月 10 日，国家发展改革委、国家能源局印发《关于建立健全可再生能源电力消纳保障机制的通知》（发改能源〔2019〕807 号），提出建立可再生能源电力消纳保障机制，设定可再生能源电力消纳责任权重，按省级行政区域对电力消费规定应达到的可再生能源电量比重。通过消纳保障机制，激发本地消纳潜力，促进新能源省内消纳；打破省间壁垒，促进跨省区新能源交易，实现资源大范围优化配置。按照 807 号文要求，各省级能源主管部门以模拟运行方式按照下达的 2019 年各省消纳责任权重对承担消纳责任的市场主体进行试考核，自 2020 年 1 月 1 日起全面进行监测评价和正式考核。

2020 年 2 月 29 日，国家发展改革委、国家能源局联合印发《省级可再生能源电力消纳保障实施方案编制大纲》，为各省级能源主管部门编制本地区实施方案作参考。按照《编制大纲》要求，省级能源主管部门需要编制省级消纳保障实施方案，电网企业需要依据本省消纳实施方案编制电网企业消纳保障实施细则。目前，已有贵州、山东两省出台省级消纳保障实施方案，其他省份省级消纳保障实施方案也在编制过程当中。

2020 年 5 月 18 日，国家发展改革委、国家能源局发布《关于印发各省级行政区域 2020 年可再生能源电力消纳责任权重的通知》，正式下达各省级行政区域 2020 年可再生能源电力消纳责任权重。同时提出，将在 2020 年 9 月组织开展全国可再生能源电力消纳责任权重执行情况评估，提出 2021 年消纳责任权重的初步安排。

5.5.2　2019 年可再生能源消纳责任权重完成情况分析

总体来看，2019 年，全国可再生能源电力消纳责任权重完成情况良好。全年全国可再生能源消纳量 19938 亿 kW·h，占全社会用电量比重为 27.5%；全年全国非水电可再生能源消纳量 7388 亿 kW·h，占全社会用电量比重为 10.2%。2019 年全国非水电可再生能源消纳责任权重完成情况如图 5-20 所示。

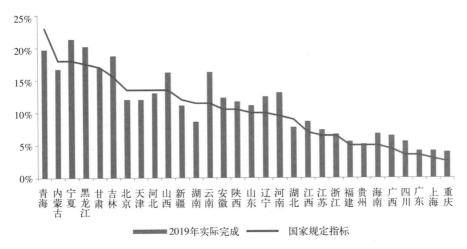

图5-20　2019年全国非水电可再生能源消纳责任权重完成情况

1. 全国 21 个省区完成非水电可再生能源消纳责任权重

2019 年，吉林、河南、宁夏和云南四个省区非水电可再生能源消纳责任权重完成情况良好，四个省区非水消纳责任权重高于国家规定指标 3 个百分点以上。2019 年非水电消纳责任权重完成情况良好的省份见表 5-12。

表5-12　2019年非水电消纳责任权重完成情况良好的省份　　　（%）

地区	2019 年实际完成	国家规定指标	差额
吉林	18.8	15.5	3.3
河南	13.1	9.5	3.6
宁夏	21.3	18.0	3.3
云南	16.3	11.5	4.8

2019 年，江苏、浙江、福建和广东等 17 个省份可以完成非水电消纳责任权重，超出国家规定指标 0～3 个百分点。2019 年部分省份非水电可再生能源消纳责任权重完成情况见表 5-13。

表5-13　2019年部分省份非水电可再生能源消纳责任权重完成情况　　　（%）

实际完成情况超国家规定指标	地区	2019 年实际完成	国家规定指标	差额
0～1 个百分点	江苏	7.4	6.5	0.9
	浙江	6.7	6.5	0.2
	福建	5.6	5.0	0.6
	广东	4.2	3.5	0.7
	贵州	5.2	5.0	0.2
1～2 个百分点	山东	11.1	10.0	1.1
	上海	4.2	3.0	1.2
	安徽	12.3	10.5	1.8
	江西	8.7	7.0	1.7
	重庆	4.0	2.5	1.5

（续）

实际完成情况超 国家规定指标	地区	2019 年 实际完成	国家规定指标	差额
1～2 个百分点	陕西	11.7	10.5	1.2
	广西	6.5	4.5	2.0
	海南	6.8	5.0	1.8
2～3 个百分点	山西	16.2	13.5	2.7
	辽宁	12.5	10.0	2.5
	黑龙江	20.2	17.5	2.7
	四川	5.6	3.5	2.1

2. 9 个省区非水电消纳责任权重完成情况低于国家指标要求

2019 年，北京、天津、河北、内蒙古、湖北、湖南、甘肃、青海和新疆 9 个省区非水电消纳责任权重低于国家规定指标。2019 年无法完成非水电消纳责任权重省份见表5-14。

表5-14　2019年无法完成非水电消纳责任权重省份　　　　（%）

地区	2019 年实际完成	国家规定指标	差额
北京	12.0	13.5	－1.5
天津	12.0	13.5	－1.5
河北	13.0	13.5	－0.5
内蒙古	16.7	18.0	－1.3
湖北	7.8	9.0	－1.2
湖南	8.6	11.5	－2.9
甘肃	16.9	17.0	－0.1
青海	19.7	23.0	－3.3
新疆	11.1	12.0	－0.9

部分省份无法完成 2019 年可再生能源电力消纳责任权重，主要受新能源发电量增长低于预期、新能源省间外送规模变化等因素影响。一是新能源发电量增长低于预期。以青海为例，2019 年青海实际新能源发电量 225 亿 kW·h，较预期值减少 15 亿 kW·h。由于新能

源发电量减少，导致青海 2019 年非水电消纳责任权重完成情况较预期降低约 2 个百分点。二是新能源省间外送规模变化。对于送端省份，新能源省间外送增加导致消纳责任权重完成困难；对于受端省份，新能源省间受入减少导致消纳责任权重完成困难。以湖南为例，2019 年湖南实际新能源受入电量 32 亿 kW·h，较预期值减少 54 亿 kW·h，导致湖南 2019 年非水电消纳责任权重完成情况较预期降低约 3 个百分点。

5.5.3　2020 年可再生能源消纳责任权重完成预估

总体来看，预计 2020 年，全国非水电可再生能源电力消纳量 8034 亿 kW·h，同比增加 646 亿 kW·h；非水电可再生能源电力消纳量占全社会用电量比重为 10.8%，同比提高 0.6 个百分点。

分省来看，2020 年各省消纳责任权重总体上体现了逐步提升、引导发展及促进消纳的原则。25 个省区的 2020 年非水电消纳责任权重指标高于 2019 年指标。吉林、河南和云南 2020 年非水电消纳责任权重较 2019 年显著提升，增长 3 个百分点以上。青海作为国家清洁能源示范省，2020 年非水电消纳责任权重 25%，为全国最高。2020 年非水电消纳责任权重超过 2019 年 3 个百分点的省份见表 5-15。

表5-15　2020年非水电消纳责任权重超过2019年3个百分点的省份　　　（%）

地区	2019 年最低非水消纳责任权重	2020 年最低非水消纳责任权重	指标增长
云南	11.5	15.0	3.5
河南	9.5	12.5	3
吉林	15.5	18.5	3

根据 2020 年消纳责任权重完成情况预估，青海、新疆等部分省份完成 2020 年消纳责任权重存在一定难度。青海预期 2020 年完成

非水电消纳责任权重20%，低于国家下发25%的非水电消纳责任权重指标。新疆预计2020年完成非水电消纳责任权重9.4%，低于国家下发10.5%的非水电消纳责任权重指标。

5.5.4 "十四五"可再生能源消纳保障机制实施的相关思考

"十四五"期间随着能源转型持续推进、电力市场加快建设及新能源发电逐步实现平价上网，新能源发展面临新的环境形势。基于"十四五"新的形势变化，需要思考"十四五"期间我国可再生能源电力消纳保障机制的定位，以及消纳责任权重完成与新能源发电利用率提升之间的关系。

1. "十四五"我国可再生能源电力消纳保障机制的定位

在持续推进能源转型和新能源逐步具备参与电力市场的形势下，"十四五"期间，我国可再生能源电力消纳保障机制应当有利于保障国家能源转型目标实现，树立全社会共同承担可再生能源消纳责任观念，促进资源就近利用和大范围优化配置。

一是通过消纳保障机制实施，提高可再生能源发电占比，推动国家能源转型目标实现。按照国家能源转型目标要求，2030年我国非化石能源占一次能源比重达到20%。"十四五"是推动能源转型、实现2030年能源转型目标的重要阶段。通过实施可再生能源消纳保障机制，提高电力消费中可再生能源电量比重，是推动国家能源转型目标实现的重要手段。

二是通过实施消纳保障机制，树立全社会共同承担可再生能源消纳责任的观念，培育用户侧市场主体绿色消费意识。2019年，我国新增电力装机1.1亿kW，其中59%来自可再生能源；新增发电量 3306 亿 kW·h，其中 53% 来自可再生能源。随着能源转型持续推进，"十四五"期间电力结构清洁化将继续加快。推动能源转型、提高新能源发电利用规模是一项系统性工程，需要社会各方共同参与努力。可再生能源消纳保障机制下，通过明确各类市场主体共同承担可再生能源电力消纳责任权重指标，有助于树立全社会共同承担可再生能源消纳责任的观念。同时，通过消纳责任权重指标约束，可以激励用电侧主体优先购买可再生能源电力，培育市场主体绿色消费意识。

三是促进可再生能源就近利用和跨省区外送，实现资源在大范围内优化配置。我国能源资源与负荷呈逆向分布特性，风能、太阳能集中在西部北部地区，水能集中在西南地区，负荷集中在东中部地区。需要通过"西电东送""北电南送"实现资源大范围优化配置。加强送受端政府间的协调，促进送受端政府间签订长期协议，充分挖掘已有跨区输电通道能力，提升利用率。通过实施可再生能源电力消纳保障机制，打破省间壁垒，引导受端地区多消纳外来可再生能源；激励可再生能源就近利用，通过优化调度运行、实施火电灵活性改造及开展需求侧响应等措施深挖本省新能源消纳空间。

2. 消纳责任权重与新能源发电利用率的关系

可再生能源消纳责任权重是对各省电力消费设定应当达到的可再生能源电量比重，主要反映整个系统中的新能源发电占比和利用的情况。消纳责任权重的提升并不一定意味着新能源发电利用率的提升。为完成可再生能源消纳责任权重，可通过增加跨省区受入新能源电量或者本地新建新能源发电项目两种方式。

通过提高跨省区通道利用率的方式，可以增加跨省区新能源受入电量，在受端地区提高消纳责任权重的同时，送端地区也由于跨省区通道利用率的提升，增加了本地消纳新能源空间，实现了新能源发电利用率的提升。

通过本地新建新能源发电项目，可以增加本地新能源发电量，更有利于完成本省消纳责任权重。但如果在消纳条件尚未落实的情况下新增装机，将有可能引发新的弃电问题，导致新能源发电利用率降低。

"十四五"期间，推动能源转型战略实施，新能源需继续保持一定发展规模。在维持一定的新增新能源发电装机基础上，需要统筹处理可再生能源电力责任权重完成和维持高水平新能源发电利用率之间的关系。基于电网消纳能力，合理确定新增新能源发电装机布局，确保不引起新的弃电问题；持续提升跨省区通道利用率，统筹送受端地区消纳责任权重完成，扩大新能源外送规模，实现新能源大范围内的优化配置。

5.6 储能发展与电力市场完善

通过电力市场获益是储能商业化应用的基本趋势。《关于促进储能技术与产业发展的指导意见》（发改能源〔2017〕1701 号）明确了"市场主导、改革推进"的发展原则，并提出加快电力市场建设，鼓励储能直接参与市场交易，通过市场机制实现盈利。目前储能在调峰、调频、新能源消纳和需求侧响应等多个领域得到应用，但与其配套的市场机制仍需完善。一方面，不同应用领域下储能参与能量、容量以及辅助服务市场的主体地位尚不明确，储能参与市场过程中缺乏明确的充放电价格政策；另一方面，在当前的市场环境下储能还难以与其他常规替代措施相竞争，储能的多重价值还难以通过功能复用在不同电力市场中得到回报。

5.6.1　储能作为市场主体参与电力市场的方式

1. 储能参与调峰辅助服务市场

调峰辅助服务市场是我国特有的市场品种，是一种电能量市场，在国外归为平衡市场或现货市场。我国调峰辅助服务市场以消纳新能源为目标，主要目的是为了调动火电机组压降出力为新能源腾出发电空间，仅进行向下调峰补偿。目前，我国已有十多个地区和省市出台了调峰辅助服务市场运营规则，除山东省外均允许储能以独立主体身份参与市场。与火电机组日前竞价参与调峰市场不同，储能主要与新能源通过双边交易或内部协商的方式开展交易。

电源侧、用户侧储能在调峰辅助服务市场中难以盈利。电源侧储能调峰以协商方式确定价格，富余储能容量可在电网需要时由电网调用，并给予固定价格补偿。《东北电力辅助服务市场运营规则》要求发电侧配置储能，由储能投资方与风电场、光伏电站协商确定补偿费用，《青海电力辅助服务市场运营规则（试行）》的通知》提出在新能源弃电时对未能达成交易的储能进行调用，价格暂定 0.7 元 /（kW·h）。随着补贴退坡、平价上网日趋临近，每次储能 0.6～0.7 元 /（kW·h）次的置换成本不具有经济性，同时考虑已有调峰辅助服务市场给予电化学储能的调峰价格普遍不高，实际利用小时数偏低，随着弃风、弃光逐步得到改善，采用该模式难以独立支撑储能商业化运行。用户侧储能与新能源发电企业以双边交易的形式开展调峰，交易价格限制在 0.1 ～ 0.2 元 /(kW·h) 之间。用户侧储能参与市场首先应达到一定容量，其次接入调度、交易系统的成本较高，在补偿方面与火电机组深度调峰 0.4 ～ 1 元 /(kW·h) 的价格相比，电化学储能调峰缺乏竞争力。

电网侧储能参与调峰辅助服务市场的相关规则尚不明确。目前，电网侧储能参与调峰的相关规则尚未出台或称另行制定。大连液流电池储能调峰电站、甘肃网域大规模储能电站作为国家示范项目将在调峰方面进行探索，其中大连项目将参考抽水蓄能执行两部制电价，甘肃项目还在积极争取政策支持。除补偿价格外，利用小时数也直接决定储能能否盈利，调峰通常是季节性的，利用小时数难以得到有效保障，这为储能带来收益上的风险。电网侧储能调峰补偿收益与充放电套利存在价值重叠，储能低充高放是一种套利兼调峰的行为，这也是调峰市场与现货市场不宜同时存在的原因。有观点认为，调峰辅助服务是电力市场改革过渡期的中间品种，随着我国现货市场的推进，最终将可能被现货市场所取代。未来一段时间调峰辅助服务市场仍以服务新能源消纳和缓解供暖地区火电机组"以热定电"矛盾的特殊手段，储能能否在调峰市场上盈利将由价格和利用小时数共同决定。

2. 储能参与调频辅助服务市场

储能参与调频辅助服务市场主要包括储能联合火电机组调频以及独立储能电站调频。储能联合火电机组调频是我国现行辅助服务考核机制下的特有形式，市场容量有限。目前山西、福建和广东三省出台的调频辅助服务市场运营规则允许储能联合火电机组参与调频。准入容量方面，福建要求储能电站容量不少于 10MW；广东要求储能电站容量需在 2MW/0.5h 及以上；山西要求储能应达到机组额定容量 3% 或 9MW 及以上，持续充放电时间达到 15min 以上。报价标的方面，以发电单元的调频里程为交易标的，日前报价、日内集中统一出清。补偿方式方面，为体现发电单元的性能差异，将调节性能指标（调节速率、响应时间和调节精度三者乘积）作为报价排序和补偿的系数，按效果付费。储能凭借快速的响应特性和良好的调节精度，弥补了火电机组跟踪调频指令响应慢、精度低的缺点，大大提高了机组调频性能，从而直接提升机组被调用机率和补偿费用。以某省一台 30 万火电机组联合储能调频进行测算，每天调节里程[○]大概为 1GW，年 AGC 投运 250 天，储能充放电的成本和收益基本抵消，不再计入效益分析。储能设施投资 3000 万元，当里程出清价格为 15 元 /MW 时，一天有 7.5 万元的收益，年调频收入为 1875 万元，两年的时间即可收回成本，内部收益率达到了 49.7%；当出清价为 7.12 元 /MW 时，该项目内部收益率为 8%，出清价低于 5.8 元 /MW 时，项目亏损。为合理引导投资方向，山西调频辅助服务市场将最初 15 元 /MW 的报价上限下调到了 5 ~ 10 元 /MW；福建调频里程申报价格只设定上限，为 8 元 /MW；当广东调频市场里程价格上下限为 15 元 /MW、6 元 /MW，良好的收益预期吸引了 20 余家发电厂的广泛参与。

对于调节性能差、分摊费用多的机组，通过配置储能可较好地提高机组调频性能，并在调频辅助服务市场中获取收益，大部分调节性能较好的机组没有配置储能的需求。同时，调频市场的容量有限且基本固定，若越来越多的机组配置储能，虽然优化了系统的频率，

○　调频里程是指其响应 AGC 控制指令后结束时的实际出力值与响应指令时的出力值之差的绝对值。

降低了火电机组频繁调节带来的损失，但从调频市场来看，最终的结果是利益的再分配。

当前我国独立储能电站参与调频尚不具备条件，也无迫切需求。山西、福建允许储能电站作为独立主体参与调频辅助服务市场，但目前尚未有实际成功的案例。一方面，当前我国电力市场机制以及系统配置尚不具备条件。为适应不同调频需求并体现不同调频资源的价值，一般将调频市场分为快速调频以及其他常规调频市场，快速调频资源内部竞争并独立出清。快速调频市场在调度运行、市场交易方面配合一整套快速优化、出清结算的信息系统。当前我国电力市场机制以及调度、交易系统配置尚不具备条件。另一方面，我国电力系统对快速调频资源的需求不迫切。调频需求与负荷波动以及新能源渗透率相关，快速调频主要适用于一次调频或二次调频的高频分量调节，我国新能源装机虽然在总量上位居全球第一，但占总装机比重还较低，传统机组可基本满足系统调频需求，同时我国已形成了世界上规模最大的同步电网，各系统之间互济能力显著增强，大大提高了频率稳定性。

我国调频辅助服务市场规则以火电、水电为主要设计对象，独立储能电站虽然在响应速度和调节精度上具有显著优势，但跟踪AGC指令时需要具备持续的输出能力。若没有火电机组在后期能量上的支撑，独立储能电站调频需要配置较大功率和容量的电池，成本快速上升。在相同的补偿机制下，与储能联合火电机组调频相比，独立储能电站调频经济性较差。

3. 储能参与电量市场

电量市场是电力市场的主要组成部分。2019年6月，国家发展改革委发布《关于全面放开经营性电力用户发用电计划的通知》，量价放开正在加速推进，充分发挥市场在资源配置中的决定性作用，还原能源商品属性，在市场中发现价格。价格由供需决定，能够在瞬息万变的市场中快速响应并付诸行动，储能无论从响应速度还是能量时移方面均有着其他电源无可比拟的优势。

国家尚未出台储能参与电量市场的相关政策。目前，储能电站通过市场机制进行购销价差盈利无政策依据，这里的购销价差模式是指储能通过购买新能源弃电量、低价煤电和低谷电，然后向用户或者电网出售。一类是向电网出售，目前储能作为电源或负荷的身份未明确，国家尚未出台储能并入公网的上网电价政策，可按当地燃煤标杆电价收购，购销差价甚微，甚至出现购销价格倒置，不具有经济性。另一类是向用户出售，此模式同样没有政策支撑。与客户侧储能利用峰谷电价差套利不同，独立储能电站向用户售电需要支付电网公司过网费，在相同利用小时数下，经济性要低于客户侧储能。目前我国部分大工业用户以市场化电价结算，绝大部分电力用户执行目录电价，电网侧储能在用电高峰时段放电虽然起到了缓解供电压力的作用，但在收益方面仅仅是电量市场内部利益的转移，也规避了承担交叉补贴的责任，并非政策鼓励方向。但在增量配电试点项目中，增量配电业主在其经营区域内投资建设储能，并通过充放电价差获取收益是可行的，这类似于客户侧储能。

4. 储能参与需求侧管理

客户侧储能作为可变动负荷参与需求侧响应。应对电源结构调整以及负荷特性的变化，系统需要更加灵活地调节资源，保障电网安全稳定运行和可靠供电。2017 年，国家发展和改革委员会等六部委联合发布《电力需求侧管理办法（修订版）》，提出积极发展储能和电能替代等关键技术，促进供应侧与用户侧大规模友好互动。随后，江苏、山东等多个省市出台或修改需求响应规则，允许储能设施参与需求响应，同时根据调用和响应情况制定分级补偿标准。有偿调压、容量备用和黑启动尚未形成市场化运营规则。部分储能作为容量备用得到一定补偿，但仅通过容量备用其收益难以覆盖全部成本。储能仅通过一种市场盈利难以保障固定的利用率，而储能具有多重价值的技术特点应该赋予其在多种市场中的主体身份，以目前市场的开放程度尚不能支撑独立储能电站商业化运营。

5.6.2 努力建立相应的市场机制培育储能发展

电力市场过渡期，储能可参与的市场类型有限。主要包括以消纳新能源为主要目标的调峰辅助服务市场、调频辅助服务市场以及需求侧响应，储能参与其他细分市场特别是电量市场的身份还未得到允许。价格机制尚不完善，储能充放电价格机制缺失。此阶段上网侧标杆电价与市场竞价共存、用电侧目录电价与市场交易电价共存，储能扮演电源与用户双重角色，在现货市场运行之前，明确储能充放电价格机制非常必要。储能与其他市场主体同台竞争的公平性尚未得到保证。储能仍然被视为非常规的电力设施，在调峰、电量直接交易等方面与传统火电机组存在差异，同价不同功，同质不同价。

电力市场改革过渡期，应允许在调峰辅助服务等需求迫切的场景下给予储能设施一定的政策支持，以此在商业模式、技术路线方面进行探索和创新，同时保持一定的投资强度，促进储能产业的持续健康发展。给予储能公平参与多个细分市场的主体身份，充分发挥储能的多重功能以提高自身利用效率,配套建立储能多重价值的补偿机制。随着新能源大规模并网以及传统电源被替代所带来的系统调节问题,根据系统需要适时建立快速调频、备用和容量等市场,充分发挥储能在响应速度和能量时移方面的重要价值。

5.7 小结

近十年来,主要受关键设备价格下降影响,全球新能源发电成本持续下降,陆上风电成本最低,光伏发电下降最快。根据调研成果,未来一段时期光伏发电和海上风电仍有一定下降空间,陆上风电下降空间不大。"十四五"期间新能源发电总体上将进入平价上网时代,但平价上网的新能源传导至用户需额外增加接入送出产生的输配电成本以及为保障系统安全增加的系统成本,平价上网不等于平价利用。

"十四五"期间新能源仍将保持快速发展,无论是集中式开发还是分布式开发,对电力系统安全运行的挑战应受到更广泛的关注。随着电力电子设备大量接入电网,电力系统电力电子化特征日益显著,易大规模脱网引发联锁故障,且带来新的系统稳定问题,给电网运行机理带来深刻变化。

分布式电源的科学发展应以全社会成本最小为目标,需要基于电网的可承载能力,进行差异化的全过程管理,包括电源规划、建设、并网服务和并网技术要求等,以经济引导和行政约束手段,促进分布式电源和配电网协调发展。

可再生能源电力消纳保障机制有利于提高可再生能源发电利用水平,提高非化石能源占一次能源消费比重,推动国家能源转型战略实施。2019 年,全国 21 个省区完成非水电可再生能源消纳责任权重，其中吉林、河南、宁夏和云南四个省区高于国家规定指标 3 个百分点以上。预计 2020 年全国非水电可再生能源电力消纳量占全社会用电量比重为 10.8%，同比提高 0.6 个百分点，大多数省区能够完成本省消纳责任权重，但青海、新疆等部分省份存在一定困难。"十四五"期间需要思考明确我国可再生能源电力消纳保障机制的定位，以及消纳责任权重完成与新能源发电利用率提升之间的关系。

　　储能具有调峰、调频和电网故障应急响应等多方面价值，对新能源发展具有积极的支持作用，通过电力市场获益将成为储能商业化应用的基本趋势。在电力市场过渡期，储能可参与的市场类型有限。应允许在需求迫切的场景下给予储能设施一定的政策支持，以此在商业模式、技术路线方面进行探索和创新，同时保持一定的投资强度，促进储能产业的持续健康发展。

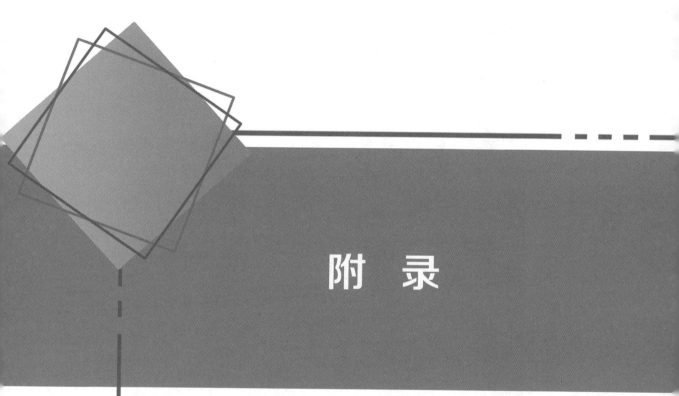

附　录

附录 1
主要政策文件目标及主要国家风光发电并网装机数据

附表1-1 清洁能源消纳主要目标

（%）

	2018 年		2019 年		2020 年	
	利用率	弃电率	利用率	弃电率	利用率	弃电率
一、风电						
1. 新疆	75	25	80	20	85	15
2. 甘肃	77	23	80	20	85	15
3. 黑龙江	90	10	92	8	94	6
4.内蒙古	88	12	90	10	92	8
5. 吉林	85	15	88	12	90	10
6. 河北	94	6	95	5	95	5
二、光伏						
1. 新疆	85	15	90	10	90	10
2. 甘肃	90	10	90	10	90	10
三、水电						
1. 四川	90		92		95	
2. 云南	90		92		95	
3. 广西	95		95		95	

注：数据来源于《清洁能源消纳行动计划（2018—2020年）》。

附表1-2　各省（自治区、直辖市）可再生能源电力总量消纳责任权重　（%）

省（自治区、直辖市）	2018年最低消纳责任权重	2018年激励性消纳责任权重	2019年最低消纳责任权重	2019年激励性消纳责任权重	2020年最低消纳责任权重	2020年激励性消纳责任权重
北京	11.0	12.1	13.5	14.9	15.0	16.5
天津	11.0	12.1	13.5	14.9	15.0	16.5
河北	11.0	12.1	13.5	14.9	15.0	16.5
山西	15.0	16.5	15.5	17.1	16.5	18.1
内蒙古	18.5	20.4	18.5	20.4	18.5	20.4
辽宁	12.0	13.2	12.0	13.2	12.5	13.7
吉林	20.0	22.0	21.5	23.7	22.0	24.2
黑龙江	19.5	21.5	21.5	23.7	26.0	28.6
上海	31.5	34.9	32.0	35.2	33.0	36.5
江苏	12.5	13.7	13.5	14.9	14.0	15.5
浙江	18.0	19.8	17.5	19.3	18.5	20.4
安徽	13.0	14.3	13.5	14.9	14.5	15.9
福建	17.0	18.7	18.5	20.4	19.5	21.4
江西	23.0	25.1	25.5	28.1	29.0	32.1
山东	9.5	10.4	10.0	11.0	10.0	11.0
河南	13.5	14.9	13.5	14.9	16.0	17.6
湖北	39.0	43.0	37.5	41.3	40.0	44.0
湖南	46.0	50.5	47.0	51.7	49.0	53.9
广东	31.0	34.2	28.5	31.4	29.5	32.5
广西	51.0	56.2	45.5	50.1	50.0	55.0
海南	11.0	12.1	11.0	12.1	11.5	12.6
重庆	47.5	52.1	42.5	46.8	45.0	49.5
四川	80.0	88.0	80.0	88.0	80.0	88.0
贵州	33.5	36.9	31.5	34.7	31.5	34.7
云南	80.0	88.0	80.0	88.0	80.0	88.0
西藏	不考核	不考核	不考核	不考核	不考核	不考核
陕西	17.5	19.2	18.5	20.4	21.5	23.7
甘肃	44.0	48.4	44.0	48.4	47.0	51.1
青海	70.0	77.0	69.5	76.5	70.0	77.0
宁夏	20.0	22.2	20.0	22.0	22.0	24.2
新疆	21.0	23.1	21.0	23.1	22.5	24.5

注：数据来源于国家发展改革委、国家能源局关于建立健全可再生能源电力消纳保障机制的通知（发改能源〔2019〕807号）。

附表1-3 各省（自治区、直辖市）非水电可再生能源电力消纳责任权重 （%）

省（自治区、直辖市）	2018年最低消纳责任权重	2018年激励性消纳责任权重	2019年最低消纳责任权重	2019年激励性消纳责任权重	2020年最低消纳责任权重	2020年激励性消纳责任权重
北京	10.5	11.6	13.5	14.9	15.0	16.5
天津	10.5	11.6	13.5	14.9	15.0	16.5
河北	10.5	11.6	13.5	14.9	15.0	16.5
山西	12.5	13.8	13.5	14.9	14.5	16.0
内蒙古	18.0	19.8	18.0	19.8	18.0	19.8
辽宁	10.0	11.0	10.0	11.0	10.5	11.6
吉林	15.0	16.5	15.5	17.1	16.5	18.2
黑龙江	15.0	16.5	17.5	19.3	20.5	22.6
上海	2.5	2.8	3.0	3.3	3.0	3.3
江苏	5.5	6.1	6.5	7.2	7.5	8.3
浙江	5.0	5.5	6.5	7.2	7.5	8.3
安徽	9.5	10.5	10.5	11.6	11.5	12.7
福建	4.5	5.0	5.0	5.5	6.0	6.6
江西	6.5	7.2	7.0	7.7	8.0	8.8
山东	9.0	9.9	10.0	11.0	10.0	11.0
河南	9.0	9.9	9.5	10.5	10.5	11.6
湖北	7.5	8.3	9.0	9.9	10.0	11.0
湖南	9.0	9.9	11.5	12.7	13.0	14.3
广东	3.5	3.9	3.5	3.9	4.0	4.4
广西	4.0	4.4	4.5	5.0	5.0	5.5
海南	4.5	5.0	5.0	5.5	5.0	5.5
重庆	2.0	2.2	2.5	2.8	2.5	2.8
四川	3.5	3.9	3.5	3.9	3.5	3.9
贵州	4.5	5.0	5.0	5.5	5.0	5.5
云南	11.5	12.7	11.5	12.7	11.5	12.7
西藏	不考核	不考核	不考核	不考核	不考核	不考核
陕西	9.0	9.9	10.5	11.6	12.0	13.2
甘肃	14.5	16.0	17.0	18.7	19.0	20.9
青海	19.0	20.9	23.0	25.3	25.0	27.5
宁夏	18.0	19.8	18.0	19.8	20.0	22.9
新疆	11.5	12.7	12.0	13.2	13.0	14.3

注：数据来源于国家发展改革委、国家能源局关于建立健全可再生能源电力消纳保障机制的通知（发改能源〔2019〕807号）。

附表1-4　各省（自治区、直辖市）2020年可再生能源电力消纳责任权重　（%）

省（自治区、直辖市）	总量消纳责任权重		非水电消纳责任权重	
	最低消纳责任权重	激励性消纳责任权重	最低消纳责任权重	激励性消纳责任权重
北京	15.5	16.9	15.0	16.5
天津	14.5	15.9	14.0	15.4
河北	13.0	14.4	12.5	13.8
山西	17.0	18.8	16.0	17.6
内蒙古	18.0	19.7	16.5	18.2
辽宁	15.0	16.6	12.5	13.8
吉林	24.0	26.6	18.5	20.4
黑龙江	22.0	24.4	20.0	22.0
上海	32.0	36.3	4.0	4.4
江苏	14.0	15.4	7.5	8.3
浙江	17.5	19.6	7.5	8.3
安徽	15.0	16.7	12.5	13.8
福建	19.5	21.8	6.0	6.6
江西	22.0	24.4	9.0	9.9
山东	11.5	12.6	11.0	12.1
河南	17.5	19.4	12.5	13.8
湖北	32.5	35.6	8.0	8.8
湖南	40.0	4403	9.0	9.9
广东	28.5	32.0	4.5	5.0
广西	39.5	43.9	7.0	7.7
海南	13.5	14.9	6.5	7.2
重庆	40.0	44.5	3.5	3.9
四川	80.0	89.3	6.0	6.6
贵州	30.0	33.3	6.0	6.6
云南	80.0	89.0	15.0	16.5
陕西	17.0	18.8	12.0	13.2
甘肃	44.5	48.8	16.5	18.2
青海	63.5	70.7	25.0	27.5
宁夏	22.0	24.1	20.0	22.0
新疆	20.0	22.1	10.5	11.6
西藏	不考核	不考核	不考核	不考核

注：1. 数据来源于国家发展改革委、国家能源局关于印发各省级行政区域2020年可再生能源电力消纳责任权重的通知（发改能源〔2020〕767号）。
2. 京津冀净输入可再生能源分开核算。2020年北京、天津、冀北和河北南网参与电力市场交易实际净输入的可再生能源电力，分别按照各自实际的交易电量进行核算，计入北京、天津和河北消纳量。具体核算方法由国家电网有限公司负责。

附表1-5　主要国家风电并网装机情况　　　　（单位：万kW）

	2010	2011	2012	2013	2014	2015	2016	2017	2018	2019
中国	2963	4636	6160	7673	9682	13105	14852	16437	18467	21048
日本	229	242	256	265	275	281	325	348	367	379
印度	1318	1618	1730	1842	2247	2509	2870	3285	3529	3751
德国	2690	2871	3098	3348	3861	4458	4944	5558	5884	6082
西班牙	2069	2153	2279	2296	2293	2294	2299	2312	2341	2555
英国	542	660	903	1128	1307	1431	1613	1959	2177	2413
美国	3914	4568	5908	5997	6423	7257	8129	8760	9442	10358
全球	18085	22002	26691	29992	34930	41628	46683	51440	56382	62270
中国占比(%)	16.4	21.1	23.1	25.6	27.7	31.5	31.8	32.0	32.8	33.8

注：数据来源于 IRENA, Renewable Capacity Statistics 2020。

附表1-6　主要国家太阳能发电并网装机情况　　　　（单位：万kW）

	2010	2011	2012	2013	2014	2015	2016	2017	2018	2019
中国	102	311	672	1776	2840	4355	7781	13082	17524	20549
日本	360	489	643	1211	1933	2862	3844	4423	5550	6184
印度	7	57	98	150	367	559	988	1815	2736	3506
德国	1801	2592	3408	3671	3790	3922	4068	4229	4518	4896
西班牙	461	543	657	699	700	701	702	703	707	1107
英国	10	100	175	294	553	960	1193	1278	1312	1340
美国	338	564	861	1305	1765	2344	3472	4312	5318	6230
全球	4154	7373	10408	13958	17602	22199	29582	38856	48875	58643
中国占比(%)	2.5	4.2	6.5	12.7	16.1	19.6	26.3	33.7	35.9	35.0

注：数据来源于 IRENA, Renewable Capacity Statistics 2020。

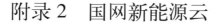

附录 2　国网新能源云

国家电网有限公司高度重视新能源工作，始终将服务新能源发展作为一项重大的政治任务。为持续做好新能源发展和消纳工作，破解新能源管理数据不共享、业务不协同等难题，国家电网有限公司创新建设国网新能源云。国网新能源云是新一代信息技术与新能源业务深度融合形成的新能源工业互联网平台，以服务建设具有中国特色国际领先的能源互联网企业战略为建设原则，凝聚各方共识和需求，突出"六个服务"建设目的，即服务国家能源安全战略、服务国家能源转型、服务新能源科学发展、服务我国可再生能源法、服务政府和智库决策和服务广大用户，建设中国特色国际领先的新能源数字经济平台，建立"横向协同、纵向贯通"和"全环节、全贯通、全覆盖、全生态、全场景"的新能源开放服务体系，服务和推动新能源行业高质量发展，助力国家能源清洁转型和新能源装备制造业高质量发展，助力具有中国特色国际领先的能源互联网企业建设。

国网新能源云是国家电网有限公司建设具有中国特色国际领先的能源互联网企业战略在新能源领域的部分实践，计划2025年基本建成公司战略下的新能源数字经济平台、2035年全面建成公司战略下的能源数字经济平台。

1. 总体设计

国网新能源云以需求为导向，按照 PDCA 全面质量管理理念设计了 15 个子平台。其中，电网服务子平台是核心，它左端连着电源、右端连着用户。在左端电源侧，设计了环境承载、资源分布、规划计划、厂商用户和电源企业等子平台，为能源主管部门、装备制造企业和发电企业提供规划研究、接网查询、场站监测及设备运维等服务。在右端用户侧，设计了用电客户、电价补贴、供需预测、储能服务、消纳计算、技术咨询、法规政策、辅助决策和大数据服务等子平台，为广大用户提供补贴申报、消纳分析、政策与技术咨询及辅助决策等服务。电网服务子平台完整地在线呈现了国家电网服务新能源的业务链条，"横向协同"连通了新能源规划、前期、建设、运行、交易和结算等各个专业部门，"纵向贯通"形成了从总部到省、市、县和乡镇供电所的完整管理链条，进一步规范标准、简化流程、提高管理质效及优化营商环境，对内以"数字驱动"方式实现新能源规划、建设、运行、交易和结算等业务管理和服务全流程贯通，对外提供新能源政策技术咨询、规划设计、建站并网、交易结算、运营运维、金融保险和数据分析等一站式全流程服务，构建合作共赢的新型能源服务生态圈。国网新能源云系统架构如附图2-1所示。

2. 平台功能

国网新能源云平台功能模块如附图2-2所示。国网新能源云平台设计了资源分布、环境承载、规划计划、厂商用户、电源企业、电网服务、用电客户、电价补贴、供需预测、储能服务、消纳计算、技术咨询、法规政策、辅助决策和大数据服务等15个子平台功能，各子平台功能如下：

1）环境承载平台。动态采集与监测全国范围内的资源承载力信息、自然保护区信息、大气环境承载力信息、社会经济效益信息与各地区的 CO_2、SO_2 和 PM2.5 等大气质量信息，为新能源发展提供环境承载力评估，辅助我国新能源开发布局。

国网新能源云（新能源数字经济平台）

1. 建设原则：服务建设具有中国特色国际领先的能源互联网企业战略

2. 建设目的：服务建设国家能源安全战略，服务国家能源转型，服务新能源科学发展，服务我国可再生能源法，服务政府和智库决策，服务广大用户

3. 建设目标：建设中国特色国际领先的新能源数字经济平台，建立"横向协同，纵向贯通"和"全环节，全贯通，全覆盖，全生态，全场景"的新能源开放服务体系

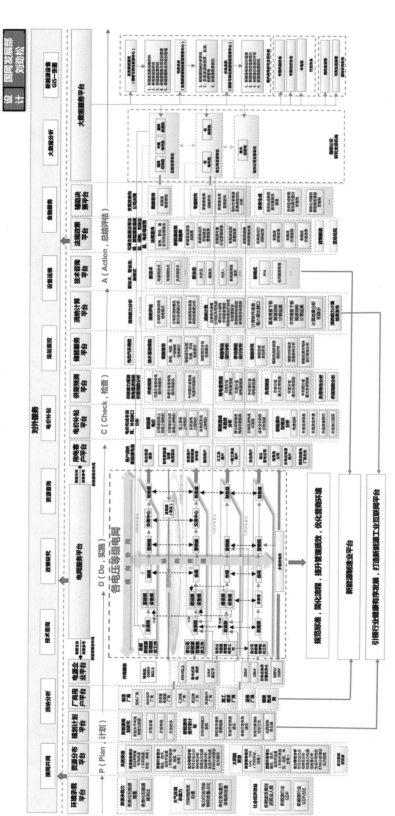

附图2-1 国网新能源云系统架构

注：1. 本平台充分考虑了实用性、经济性、用户应用便捷性，聚焦政府社会关切，聚焦服务商户厂商，聚焦公司核心业务，聚焦价值作用发挥。

2. 新能源发展与消纳是各级政府、各类各级电源企业、各类各级电网企业、各类负荷用户、全社会14亿广大民众共同的责任，需要大家共同努力。

建设路径：2025年，基本建成公司战略下的新能源数字经济平台
2035年，全面建成公司战略下的新能源数字经济平台

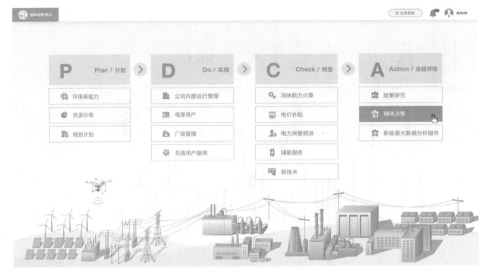

附图2-2 国网新能源云平台功能模块

2）资源分布平台。动态采集与监测全国范围内的风能资源信息、太阳能资源信息、水力资源信息、其他资源信息、传统化石能源信息和矿产资源信息，具备新能源短期气象预报功能，运用大数据、云计算等先进信息技术分析新能源开发潜力、开展功率预测，提高资源评估和气象预报精度，为新能源电站规划、建站选址和运行消纳提供分析建议。

3）规划计划平台。提供新能源规划支撑、新能源年度开发计划和发展成果可视化展示三大服务，具备规划和核准项目线上填报功能，通过动态监测新能源项目开发建设进度，分析国家和地方规划目标、新能源项目建设与配套电网工程建设的协调情况，并支撑新能源发展规划和消纳能力计算，服务政府和智库决策，为政府出台新能源发展规划和基础设施改造提供支撑。

4）厂商用户平台。为新能源装备制造厂商、系统集成商、行业协会及金融机构等用户提供设计施工、设备采购、监测运维、产品追溯、金融交易及行业分析等线上线下一体化服务，实现运行设备与各类厂商之间的互联互通，构建工业互联网生态体系，带动新能源产业上下游协同发展。

5）电源企业平台。为电源用户提供新能源规划设计、投资建设、并网报装和运营运维、数据分析全流程一站式服务。针对电源空间分散、种类多样的特点，利用5G、大数据及人工智能等技术，辅助各类电源用户实现智能化与精益化管理，实现业务公开透明，优化营商环境，推动新能源全产业链、多主体共融发展。

6）电网服务平台。落实国家关于要求电网企业加强可再生能源并网服务的工作部署，提供新能源规划、前期、并网、运行、交易、补贴和后评估等项目全环节一站式线上服务，实现新能源项目全环节分析监测。规范新能源管理业务流程，明晰各部门职责，提升管理质效，促进"放管服"，优化营商环境，助力企业治理领先、绿色能源领先及服务品质领先。

7）用电客户平台。以用户为中心、以坚强智能电网为基础平台，分析其能源消费结构和清洁能源配额制的落地状况，为政府组织实施可再生能源电力消纳保障政策提供支撑。实时跟踪用户参与绿色电力交易和参与绿色电力证书交易动态信息，促进国家能源消费侧的转型升级。助推能源互联网建设，具备分布式电源建设、并网、运行和交易的全景监测功能，满足分布式用能设施的即插即用。

8）供需预测平台。从时间与空间两个维度分析能源生产与消费需求及其背后的经济运行规律，依托国家电网供需实验室，借助传统预测技术并融合先进大数据、人工智能信息技术手段，实现对全国、分省、地市县分层分级的月度、季度、年度以及中长期的电力供需、电力经济关系和电力供需平衡的预测分析，为消纳能力计算提供输入数据。

9）消纳计算平台。落实国家关于要求电网企业发布新能源消纳能力的工作部署，开发消纳能力计算、评估、预警和发布的功能。动态评估各区域新能源消纳状况，定量测算各类消纳影响因素的贡献度，滚动计算分区域、分省、地市县分层分级新能源消纳能力，实时预测月度、季度、年度及中长期的弃电量、利用率和可接纳新增装机裕量等指标，引导新能源科学开发和布局。

10）技术咨询平台。建立新能源前沿技术知识分享、互动讨论平台，展示国内外先进技术的研发与应用情况、最新技术进展情况。从技术研发、电网建设和成效分析等多维度评估新技术的应用潜力和价值，追踪新业态、新模式最新动向，加快新能源前沿技术、关键技术创新研发部署，助力核心技术领先，为新能源产业发展提供技术支撑。

11）法规政策平台。服务可再生能源法，开发法规政策学习专栏，开展可再生能源法学习、培训、解读和宣贯。建立新能源法律、法规、政策库和分析解读、互动讨论平台，按照时间、类型、部门等维度展示新能源政策信息，实现政策智能解读分析。与政府相关部门及智库联合，共同开展新能源领域相关法规政策研究，为政府部门科学决策和政策制定提供支撑。

12）储能服务平台。为储能需求用户提供项目规划设计、主要设备推介、接入并网和运行监测等全周期服务，对电源侧、电网侧和用户侧各类型储能电站的运行状况提供分析及优化运行策略等增值服务，为国家储能建设发展、促进新能源消纳等分析研究提供数据支撑，带动储能合理布局，促进源网荷储协调发展，助力各种新能源储能联合项目参与电力市场辅助服务，支撑新能源大规模开发利用。

13）电价补贴平台。落实国家关于要求电网企业开展可再生能源补贴项目管理的工作部署，提供补贴项目线上填报、审核和发布功能，为电源用户及能源主管部门提供线上一站式补贴项目清单申报审核服务，并动态监测分析可再生能源发电成本、上网及补贴电价、电费补贴结算情况，服务新能源投资分析，辅助政府决策及行业监管。

14）辅助决策平台。分析新能源发展战略、业务管理优化和国内外新能源发展成效对比等信息，实现新能源数据定制化查询和全场景信息展示，辅助支撑公司、政府相关部门、新能源相关企业和设备生产商生产经营决策，推动新能源高质量发展。

15）大数据服务平台。依托新能源海量数据，通过应用云计算、大数据分析、人工智能、区块链和5G等先进技术，挖掘新能源数据资产价值，构建新能源数据仓库服务化管理体系，推进新能源管理标准化、智能化、精益化和自动化，打造新能源数字经济平台，创新培育工业互联网大数据，服务新能源生态数据贯通共享。

3. 应用实践

自平台建设启动以来，以客户需求为导向，组织专家团队赴政府智库、行业协会、发电公司、装备制造企业、能源互联网公司、高等院校和省级电网公司（总计 20 余家单位）开展需求调研 150 余次，深入挖掘各方需求，反复讨论研究平台架构，不断优化完善功能设计方案。国家电网发布"建设具有中国特色国际领先的能源互联网企业"战略以来，在实践中持续优化完善平台功能，进一步明晰建设原则、目的和目标。全力推进平台开发并在吉林、冀北等13家级省电网公司试点实施，在接网服务、消纳计算、补贴管理和信息咨询等方面的实践应用中取得了阶段性成果。

公开透明线上办理接网服务。传统新能源项目并网流程长、手续多,涉及电网公司多个业务部门,"磨破嘴,跑断腿"现象时有发生。按照国家政策要求,平台统一各省公司新能源并网管理的标准,将之前新能源并网全过程的 34 个环节压缩到 19 个,接网业务办理环节简化了 26%。并设定每个环节具体的办理时限,添加并网办理的提醒、评价等功能,在宁夏、江苏等单位实现试点应用。新能源企业项目接网业务目前可以通过手机 APP 或外网 PC 端实现"一站式"线上办理,显著提高了用户的体验感,优化了营商环境。新能源并网管理全流程(优化前)如附图 2-3 所示。新能源并网管理全流程(优化后)如附图 2-4 所示。

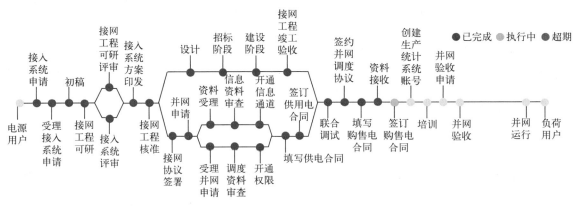

附图2-3 新能源并网管理全流程(优化前)

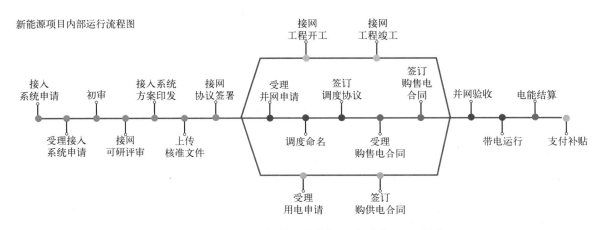

附图2-4 新能源并网管理全流程(优化后)

在线计算和发布新能源消纳能力。消纳能力以往基本上都是离线计算完成的，带来计算数据不统一、软件方法不统一及计算结果千差万别等问题，外界对消纳能力结果发布需求强烈。按照国家关于发布计算和发布消纳能力的政策要求，利用消纳计算平台在线开展新能源消纳能力计算，组织国网经营区所有省电网公司开展2020—2022年线上新能源消纳能力集中计算，通过线上边界条件建模，快速输出计算结果，验证计算程序，原来历时半个月的新能源消纳联合计算时间得到大幅缩减。会同全国新能源消纳监测预警中心论证各省级2020年风电、光伏发电新增消纳能力，与地方政府有关部门沟通汇报，经政府授权后适时对社会发布，在确保消纳目标完成的条件下，最大化接纳新能源并网。新能源消纳能力计算结果展示如附图2-5所示。

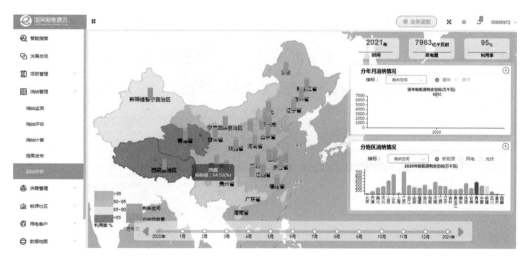

附图2-5 新能源消纳能力计算结果展示

配合政府开展新能源补贴目录管理。落实国家关于要求电网企业开展可再生能源补贴项目管理的工作部署，开发了补贴项目线上填报、审核、发布功能，为电源用户及能源主管部门提供线上一站式补贴项目清单申报审核服务，并动态监测分析可再生能源发电成本、上网及补贴电价、电费补贴结算情况，服务新能源投资分析，辅助政府决策及行业监管。2020年4月以来，组织发电企业通过平台开展风电、光伏发电存量项目纳入补贴清单的填报工作，各省电网公司配合地方能源主管部门开展线上项目的审核和发布工作。

提供专业政策和技术咨询服务。新能源云建成国内最大新能源政策数据库，全景展示不同类型、不同来源的政策原文及其要点，可以灵活开展海量政策的精准查询检索，满足不同类别用户的需要。目前，平台归集了国家、地方政府自1995年以来超过数万项与新能源相关的法律、法规、政策、舆情热点和技术资讯，可以按技术类型、发布部门、发布时间和新能源各环节等不同的维度方便快速地进行检索和精准查询，支持按关键词进行政策全文的检索，可以查看政策的解读分析，并且开通了内网政策互动论坛窗口，同时可以在线发表观点和沟通交流。每日跟踪国内外新能源技术动态，全景展示源网荷储各个领域新能源技术研发、示范和商业化应用情况。新能源法律法规和政策查询展示如附图2-6所示。

附图2-6 新能源法律法规和政策查询展示

参 考 文 献

[1] 中国电力企业联合会 . 全国电力工业统计快报 [R]. 2010-2019.

[2] 张运洲，程路 . 中国电力"十三五"及中长期发展的重大问题研究 [J]. 中国电力，2015，48(1)：1-5.

[3] 裴哲义，王彩霞，和青，等 . 对中国新能源消纳问题的分析与建议 [J]. 中国电力，2016，49(11)：1-7.

[4] 张正陵 . 中国"十三五"新能源并网消纳形势、对策研究及多情景运行模拟分析 [J]. 中国电力 , 2018, 51(1): 2-9.

[5] 李琼慧，王彩霞 . 新能源发展关键问题研究 [J]. 中国电力，2015，48（1）：33-36.

[6] 李琼慧，王彩霞 . 从电力发展"十三五"规划看新能源发展 [J]. 中国电力，2017，50(1)：30-36.

[7] 张运洲，刘俊，张晋芳，等 . 中国新能源"后补贴时期"发展分析 [J]. 中国电力，2019，52(4)：1-7.

[8] 张运洲，黄碧斌 . 中国新能源发展成本分析和政策建议 [J]. 中国电力 , 2018, 51(1): 10-15.

[9] Bloomberg New Energy Finance. New Energy Outlook 2019 [R]. 2019.

[10] IRENA. Renewable Energy Auctions Analysing 2016 [R]. 2017.

[11] IRENA. Renewable energy auctions: status and trends beyond price[R]. 2019.

[12] 中国电力企业联合会 . 电力国际信息参考（2019 年 8 月下）[R]. 2019.

[13] 中国电力企业联合会 . 中国电力行业年度发展报告 2019 [R]. 2019.

[14] 中国光伏行业协会 . 中国光伏产业发展路线图 (2019 年版) [R]. 2020.

[15] 中国光伏行业协会 . 中国光伏产业年度报告（2018-2019）[R]. 2019.

[16] 水电水利规划设计总院，国家可再生能源信息管理中心. 中国风电建设统计评价报告（2015年度）[R]. 2016.

[17] 水电水利规划设计总院，国家可再生能源信息管理中心. 中国风电建设统计评价报告（2016年度）[R]. 2017.

[18] 国网能源研究院有限公司. 中国新能源发电分析报告（2019）[M]. 北京：中国电力出版社, 2019.

[19] NATIONAL GRID ESO. Technical report on the events of 9 August 2019 [EB/OL]. (2019-09-06) [2019-12-01]. https:// www.nationalgrideso.com/ document/152346/ download.

[20] 王伟胜，张冲，何国庆，等. 大规模风电场并网系统次同步振荡研究综述 [J]. 电网技术，2017, 41(4): 1050-1060.

[21] 国家能源局华东监管局. 关于开展华东区域分布式光伏涉网频率专项核查整改工作的通知 [EB/OL]. (2019-07-16) [2019-11-19]. http://guangfu.bjx.com.cn/ news/20190807/998112.shtml

[22] IRENA. Renewable Capacity Statistics 2020 [R]. 2020.

[23] IEA. World Energy Outlook 2019 [R]. 2019.

[24] 国家电网有限公司. 国家电网有限公司2019社会责任报告 [R]. 2020.

[25] 国家能源局. 全国可再生能源电力发展监测评价报告（2015-2019）[R].

[26] 胡喜鹏. 2018年中国光热发电行业发展简析 [EB/OL]. (2019-01-03) [2019-01-16]. http://www.cspplaza.com/article-14031-1.html.